Annette Wolter

Sittiche

richtig pflegen und verstehen

Experten-Rat für die artgerechte Haltung

Mit Farbfotos bekannter Tierfotografen
Zeichnungen:
György Jankovics

GU

Inhalt

Dieser Pennantsittich nutzt eine Badegelegenheit. Damit auch alle Körperpartien naß werden, schlägt er kräftig mit den Flügeln.

Vorwort

Sittiche – das sind lebhafte und gesellige kleine Wesen, wendige und pfeilschnelle Flieger mit einem Gefieder, das an Farbenpracht selbst die bunten Papageien übertrifft. Sittiche gehören zwar zur großen Familie der Papageien, stellen jedoch deutlich andere Ansprüche an Haltung und Pflege. Leider kommt es immer wieder vor, daß diese ausdauernden Flieger in zu kleinen Behausungen leben müssen, unter einseitiger Nahrung leiden oder als Einzelvögel ohne ausreichende Zuwendung bleiben und dann kümmern.
Worauf es bei der artgerechten Haltung von Sittichen ankommt, erfahren Sie in diesem neuen GU-Ratgeber. Sittich-Expertin Annette Wolter beschreibt Wesen und Grundbedürfnisse der Sittiche, erklärt, wie Käfig, Zimmer- und Freivoliere ausgestattet sein sollen und was Sie beim Vogelkauf und über Artenschutz wissen müssen. Wer erfolgreich züchten will, findet detaillierte Angaben zu Brut- und Jungenaufzucht. Außerdem erfahren Sie, wie Sie für Ihre Schützlinge eine ausgewogene Ernährung zusammenstellen können und was im Krankheitsfall zu tun ist.
Der Artenteil des Buches enthält Farbfotos und Beschreibungen mit genauen Pflegeanleitungen der beliebtesten Sittich-Arten. Informative Zeichnungen und ein Lexikon vermitteln zusätzliches Wissen über die Welt dieser Vögel.
Viel Freude bei der Sittichpflege wünschen Ihnen die Autorin und die GU Naturbuch-Redaktion.

Bitte beachten Sie die »Wichtigen Hinweise« auf Seite 95.

Die Welt der Sittiche

Sittiche sind überaus gesellige Vögel. In der Natur schließen sie sich einem Partner oft lebenslang an, mit dem sie dann in Gruppen oder Schwärmen umherziehen. Deshalb sollten sie in menschlicher Obhut nur als Pärchen oder kleine Schar gehalten werden. Von Einzelhaltung ist grundsätzlich abzuraten.

Die Welt der Sittiche ist so vielfältig und farbenfroh wie das Gefieder dieser lebhaften Vögel. Sittiche bewohnen die unterschiedlichsten Lebensräume in ganz Australien und Asien, in den tropischen und subtropischen Gebieten Afrikas, Mittel- und Südamerikas. Insgesamt gibt es etwa 120 verschiedene Arten, von denen viele noch Unterarten bilden.

Lebensräume in freier Natur

Ursprünglich waren die meisten Sittiche Waldbewohner. Dank ihrer enormen Anpassungsfähigkeit konnten sie sich aber auch in Steppen, Savannen und Wüsten, an Flußläufen, auf Felsklippen oder in Buschwäldern, ja sogar in Städten ansiedeln. Es gibt Sittiche, die im Gebirge in über 3000 Meter Höhe leben und solche, wie die Einfarblaufsittiche, die gemeinsam mit Pinguinen eine Insel am Rande der Antarktis bevölkern.

Sittiche sind auch Papageien

Sittiche gehören zur Familie der Papageien, die sich in mehrere Unterfamilien gliedert, innerhalb derer dann die verschiedenen Sittich-Gattungen angesiedelt sind. Äußerlich lassen sich Sittich und Papagei kaum eindeutig voneinander unterscheiden. Allerdings überwiegt bei Sittichen ein schlanker Körperbau mit langem Schwanzgefieder, während Papageien eher von gedrungener Gestalt sind. Tatsächlich unterscheiden kann man sie meines Erachtens erst, wenn man die Lebensweise der Vögel miteinbezieht. Alle Sittiche sind schnelle, gewandte und ausdauernde Flieger, bewegen sich behend und sind tagsüber von quirliger Lebendigkeit. Längere Strecken legen sie in schnellem Bogen- oder Wellenflug zurück, manche fliegen auch pfeilgerade. Im Gegensatz dazu überwinden Großpapageien, wie die Amazonen, größere Strecken in bedächtigem Schwingflug. Als Heim- und Volierenvögel stellen Sittiche andere Ansprüche an Haltung und Pflege als Papageien.
In diesem Buch geht es um Sittiche und ihre artgerechte Haltung.

Äußere Merkmale der Sittiche

Der Schnabel: Wie Papageien haben Sittiche einen rundgebogenen Oberschnabel, der den trichterförmigen Unterschnabel umgreift. Mit dem Schnabel und der Zunge zerkleinern und schälen Sittiche Früchte und Samen. Sie graben mit dem Schnabel aber auch nach Eßbarem im Boden und vergrößern Einschlupfloch sowie Bodenmulde ihrer Nisthöhle. Beim Klettern benutzt der Sittich den Schnabel zum Greifen und Festhalten, bei Streitigkeiten setzt er ihn mitunter auch zur Verteidigung ein.

Die Feinsittich-Jungen kommen schon ans Einschlupfloch, um sich füttern zu lassen. Dann ist der Zeitpunkt des Ausfliegens nicht mehr fern. ▷

Ein harmonierendes Sittich-Pärchen sollte nicht getrennt werden, da die Vögel sehr darunter leiden würden. Nur in den seltensten Fällen wären sie bereit, eine neue Bindung einzugehen. Trennen sollte man Pärchen nur bei andauernden Streitigkeiten.

Die Zunge: Sie ist dick, rund und mit Tast- und Geschmackspapillen ausgestattet. Mit Hilfe der Zunge können Sittiche leicht Sämereien enthülsen.
Die Wachshaut: Sie liegt über dem Oberschnabel und umschließt die Nasenlöcher. Bei den meisten Sittich-Arten ist sie unbefiedert und oft farbig getönt.
Der Fuß: Durch die Zehenstellung ist er ein ausgezeichnetes Greifglied. Die beiden äußeren Zehen sind nach hinten, die beiden mittleren nach vorn gerichtet. Mit dem Fuß kann der Sittich hervorragend Äste umgreifen, Nahrung oder Gegenstände festhalten und klettern.
Das Gefieder: Das meist farbenprächtige Gefieder dient den Sittichen als Tarnung, auch wenn dies widersprüchlich klingen mag. Aber ein bunter Vogel, der in seiner Heimat in einem Meer von Blüten nach Nahrung sucht, fällt dort kaum auf. Manche Gefiederfarben sind der Erde des jeweiligen Lebensraums angepaßt oder wirken im Sonnenlicht wie Reflexe im Laub der Baumkronen. Auch für die Balz und das Zusammenleben im Schwarm spielen farblich markante Gefiederpartien eine Rolle.

Typische Eigenschaften

Lebenslange Treue: Die meisten Sittiche sind monogam (→ Lexikon, Seite 86), das heißt, sie leben fest verbunden mit einem Partner des anderen Geschlechts und bewahren ihm lebenslange Treue. Sie können aber auch einen Vogel des gleichen Geschlechts oder einer anderen Art als Partner annehmen und sich sogar dem Menschen als Ersatzpartner zuwenden. Feste Partner sollten nie ohne triftigen Grund getrennt werden, da die Vögel unter einer Trennung leiden, zu kränkeln beginnen oder in Resignation verfallen. Nur andauernde Streitigkeiten zwischen einem Paar dürfen Grund für eine Trennung sein.
Lebenserwartung: Nur von wenigen Sittichen ist bekannt, welches Alter sie erreichen können. Sicherlich werden sie in menschlicher Obhut älter als in der Natur, wo vielerlei Gefahren lauern. Vorsichtig geschätzt darf man sagen, daß kleine Sittiche wie Wellen-, Bourke- oder Schmucksittich 10 bis 15 Jahre alt werden, größere Arten wie Bergsittich oder Kleiner Alexandersittich können bis zu 25 Jahre alt werden.
Intelligenz: Bei Sittichen wurden Intelligenzleistungen nicht so genau beobachtet wie bei den großen Papageien. Ich weiß jedoch aus meinem Zusammenleben mit Wellen- und Nymphensittichen, daß auch sie mich oft durch auffallend intelligentes Verhalten, wie zum Beispiel enorme Gedächtnisleistungen, verblüffen. Werden Sittiche paarweise oder in einer kleinen Schar in Volieren gehalten, konzentriert sich ihr Leben allerdings ganz auf das Zusammenleben untereinander.
Stimmliche Laute: Jede Sittich-Art hat ihre eigenen Warn- und Flugrufe, mit denen sich die Vögel untereinander verständigen. Während der Futtersuche halten Sittiche mit sogenannten Stimmfühlungslauten den Kontakt zu ihren Artgenossen. In Ruhephasen plaudern sie manchmal leise zwitschernd. Bei Erregung geben sie jedoch sehr schrille und laute Schreie von sich, die für das menschliche Ohr sehr unangenehm sein können. Denken Sie daran, daß der Lärm einer Sittich-Schar für Nachbarn eine erhebliche Belästigung darstellen kann (→ Ruhestörung, Seite 87).
Nachahmungsvermögen: Neigung und Talent zum Nachahmen sind bei Sittichen unterschiedlich stark ausgeprägt. In menschlicher Obhut imitieren viele Sittiche ganz von selbst Laute und Geräusche, die sie in ihrer Umgebung

Männchen und Weibchen lassen sich beim Nandaysittich nicht unterscheiden.

hören. Manche sprechen auch Wörter oder kleine Sätze nach, andere sind begabte Musikanten und pfeifen mit Lust ihr erlerntes Repertoire. Von Volierenvögeln ist bekannt, daß sie mitunter die Weisen unserer heimischen Singvögel nachahmen.

Sittiche als Hausgenossen

Grundbedürfnisse: Alle Sittiche haben ein angeborenes Bedürfnis nach Geselligkeit, sie brauchen ausreichend Flugraum, Möglichkeiten zum Klettern und pflanzliches Material zum Nagen. Sie werden im ersten bis zum dritten Lebensjahr geschlechtsreif und haben dann das starke Bedürfnis sich zu paaren und Junge großzuziehen.

Einzelhaltung: Sittiche sollten grundsätzlich nur dann einzeln gehalten werden, wenn der Halter die meiste Zeit zu

Die Paarung der Wellensittiche...

ist manchmal ein Balanceakt.

Hause verbringt und wirklich bereit ist, für den Vogel Ersatzpartner zu sein. Ein einzeln gehaltener Sittich braucht sehr viel Zuwendung durch Spiel, Beschäftigung und Zärtlichkeiten von »seinem« Menschen, sonst kümmert er. Aber selbst wenn Sie diese Voraussetzungen erfüllen, sollten Sie sich darüber im klaren sein, daß eine Einzelhaltung nicht artgerecht ist, weil der Sittich seine angeborenen Grundbedürfnisse nicht voll ausleben kann. Niemals kann er zusammen mit Artgenossen im Schwarm umherziehen oder eine feste Bindung mit einem Partner seiner Wahl eingehen.

Paarhaltung: Wünschen Sie sich ein Sittichpärchen, achten Sie darauf, daß es beim Kauf noch jung ist (→ Beim Kauf zu beachten, Seite 23). Es lernt dann leicht, Sie als Mitglied der Schar zu akzeptieren. Mit einem gleichgeschlechtlichen Pärchen können Sie unerwünschten Problemen aus dem Weg gehen. Denn bei Nachwuchs ergeben sich vor allem Platzprobleme, und früher oder später heißt es für die Vogelschar: Umzug in die Voliere.

Sittiche brauchen Platz

Möchten Sie das arttypische Leben der Sittiche beobachten und vielleicht auch Jungvögel züchten, bringen Sie sie am besten in einer geräumigen Voliere unter, die den Vögeln ausreichend Flugraum bietet. Allerdings ist das eine aufwendige Investition, denn eine ausreichend große und sichere Voliere ist nicht billig, erfordert viel Pflege und macht – insbesondere der Bau einer Freivoliere – Genehmigungen von Behörden und Nachbarn notwendig (→ Freivoliere, Seite 14).

Wird eine Voliere im Haus installiert, so

sollte ein ausreichend großer, heller Raum mit vergitterten Fenstern zur Verfügung stehen. Im Speicher oder Keller empfiehlt sich, eine Voliere nur dann einzubauen, wenn das Dachgeschoß oder der Souterrainraum gut ausgebaut und hell ist.
Halten Sie einen oder zwei Sittiche in einem Käfig, denken Sie daran, daß auch der größte Käfig als einziger Lebensraum nicht genügt. In ihrem natürlichen Umfeld sind Sittiche daran gewöhnt, bei der Suche nach Nahrung oder nach geeigneten Schlafplätzen täglich große Entfernungen zurückzulegen. Räumen Sie Käfigvögeln deshalb täglich unbedingt einige Flugstunden im Zimmer ein. Lassen Sie die Sittiche aber nur unter Ihrer Aufsicht frei fliegen, denn mitunter knabbern sie Möbel und Wände an.

Zehn Entscheidungshilfen

1. Sind Sie und Ihre Familie bereit, eine Verantwortung für Leben und Wohlergehen von Sittichen zu übernehmen, die 10 bis 20 Jahre und länger dauern kann?
2. Ist niemand in Ihrer Familie allergisch gegen Gefiederstaub?
3. Leben noch andere Tiere bei Ihnen, die den Sittichen gefährlich werden könnten, zum Beispiel Katzen?
4. Wer versorgt die Vögel, wenn Sie selbst einmal verhindert sind? Planen Sie eine Urlaubsreise, müssen Sie sich rechtzeitig um einen verläßlichen Pfleger kümmern.
5. Sittiche müssen mindestens einmal am Tag mit frischer Nahrung versorgt werden.
6. Die Nahrung muß regelmäßig besorgt werden und kostet Geld.
7. Das Sauberhalten von Käfig, Voliere und allen Gegenständen, mit denen die Vögel in Berührung kommen, ist zeitaufwendig.

Einer brütet, einer füttert.

8. Eine Voliere – im Freien mit beheizbarem Schutzhaus – braucht Platz und ist nicht billig.
9. Wenn Sie Sittiche züchten, denken Sie daran, daß Sie nur Jungvögel verkaufen dürfen, deren Art nicht dem Handelsverbot (→ Artenschutz, Seite 24) unterliegt.
10. Es kann teuer werden, wenn die Vögel einmal ärztliche Hilfe benötigen.

Artgerechte Unterbringung

Je höher die Sitzäste in einer Voliere angebracht sind, desto lieber werden sie angenommen. Sittiche fühlen sich auf hohen Sitz- und Schlafplätzen geschützt und sicher. Allerdings muß nach oben soviel Platz sein, daß die Vögel nicht mit dem Kopf an der Decke anstoßen.

Der richtige Käfig

Größe: Für kleinere Sitticharten, zum Beispiel für zwei Wellensittiche, sollte der Käfig 100 cm lang, 50 cm breit und 80 cm hoch sein. Für größere Arten, wie zwei Nymphensittiche, sollte er 150 cm lang, 80 cm breit und 150 cm hoch sein. Allgemein gilt: Je größer der Käfig ist, desto wohler fühlen sich Ihre Sittiche.

Wichtig: Runde Käfige sind für Sittiche ungeeignet.

Gitterstäbe: Mindestens an zwei Seiten des Käfigs müssen die Gitterstäbe waagerecht verlaufen, damit die Sittiche klettern können. Der Abstand der Gitterstäbe sollte für kleine Arten 12 mm, für größere 20 mm betragen.

Die Käfigtür: Sie muß groß genug sein, um den Vogel auf der Hand sitzend herauszuholen. Der Verschluß der Tür muß »schnabelsicher« sein und notfalls zusätzlich durch einen Karabinerhaken gesichert werden.

Bodenschale: Sie sollte aus schlagfestem, hitzebeständigem Kunststoff bestehen und einen Sandschuber haben. Ein Bodengitter (→ Lexikon, Seite 82) über dem Sandschuber, falls vorhanden, entfernen, denn Sittiche picken gerne Gritt und kleine Steinchen als Verdauungshilfe aus dem Vogelsand heraus.

Futternäpfe: Die zum Käfig gehörenden beiden Futternäpfe reichen nicht aus. Kaufen Sie zusätzlich zwei bis drei größere Näpfe aus Edelstahl zum Einhängen ins Gitter. Sie lassen sich am besten pflegen und behalten über Jahre ihr appetitliches Aussehen.

Die Zimmervoliere

Der Zoofachhandel bietet Zimmervolieren für Sittiche in verschiedenen Ausführungen und Größen an. Die Idealgröße ist etwa 120 x 80 x 170 cm. Darin finden zwei Pärchen einer kleineren Art wie Wellen-, Bourke- oder Schmucksittich ausreichend Platz, sofern sie täglich die Möglichkeit zum beaufsichtigten Freiflug im Zimmer haben.

Es gibt auch Zimmervolieren aus Fertigteilen zu kaufen. Die Fertigteile lassen sich problemlos zu einer Zimmervoliere in beliebiger Größe zusammensetzen. Eine solche Voliere können Sie zum Beispiel so bauen, daß sie zwei Zimmerwände als Begrenzung hat. Wenn Sie etwa 2 m^2 Raum pro Vogel berechnen, brauchen die Sittiche keinen Freiflug im Zimmer.

Volierenzimmer: Wenn Sie die räumlichen Möglichkeiten haben, können Sie sogar ein ganzes Zimmer zum Volierenzimmer ausstatten (→ Ausstattung, Seite 15).

Hinweis: Je breiter und länger eine Zimmervoliere ist, desto wohler fühlen sich Ihre Sittiche darin. Langstreckenflieger wie beispielsweise die *Psephotus*-Arten sind für die Haltung in einer Zimmervoliere nicht geeignet, da sie ständig einen großen Flugraum benötigen.

Aufmerksam verfolgt dieser Rotkappensittich, was in seiner Umgebung vorgeht.

Der Rottkappensittich ernährt sich hauptsächlich von den Samenkapseln der Eukalyptusfrüchte. Um diese Kapseln zu enthülsen, hat diese Sittich-Art eine spezielle Schnabelform entwickelt: Der Oberschnabel ist länger und weniger gekrümmt.

PRAXIS
Ausstattung

Auf dieser Seite finden Sie wichtige Einrichtungsgegenstände, die in keiner Voliere fehlen sollten. Zum Beispiel werden sich Ihre Sittiche mit großer Begeisterung auf einem Kletterbaum tummeln. Sie finden dort ideale Lande-, Ruhe- und Schlafplätze. Außerdem empfehle ich Ihnen, in geräumigen Volieren ein Futterbrett an die Wand zu montieren. Die Näpfe stehen dort rutschfest, und die Sittiche können das Futter bequem erreichen.

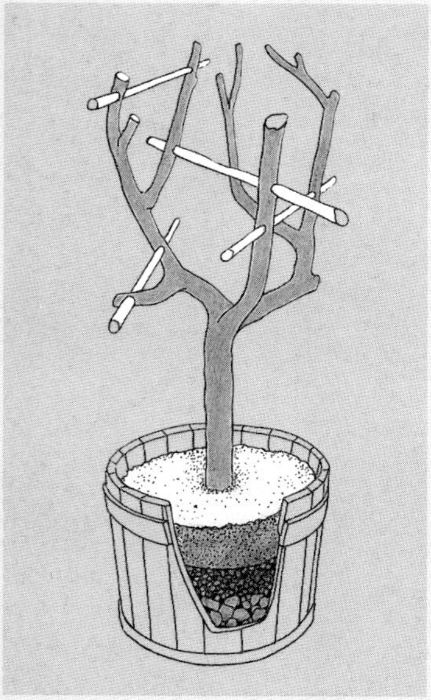

1 | Alle über den Bottichrand ragenden Äste absägen.

Der Kletterbaum

Einen Kletterbaum können Sie kaufen (Zoofachhandel), mit etwas Geschick können Sie ihn aber auch leicht selbst anfertigen. Je größer er ist, desto lieber halten sich Ihre Sittiche auf ihm auf. Von Zeit zu Zeit müssen zernagte Sitzäste erneuert werden, eventuell sogar der Stamm.

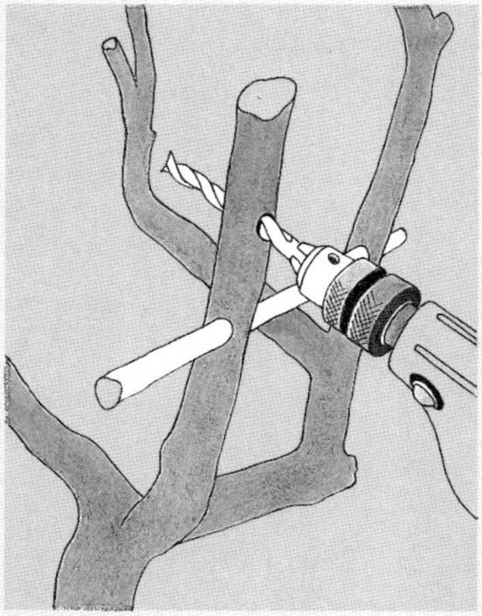

2 | In die Baumäste Löcher für weitere Sitzäste bohren.

Zeichnung 1

Besorgen Sie sich bei Freunden mit Garten oder während des Baumschnitts in der Gemeinde- oder Stadtgärtnerei einen starken, verzweigten Ast oder einen abgesägten kleinen Baum. Stellen Sie ihn zunächst in einem Christbaumständer in einen Holz- oder Kunststoffbottich. Dann müssen Sie alle Äste, die über den Rand des Bottichs reichen, absägen. So kann später kein Kot neben den Bottich fallen.

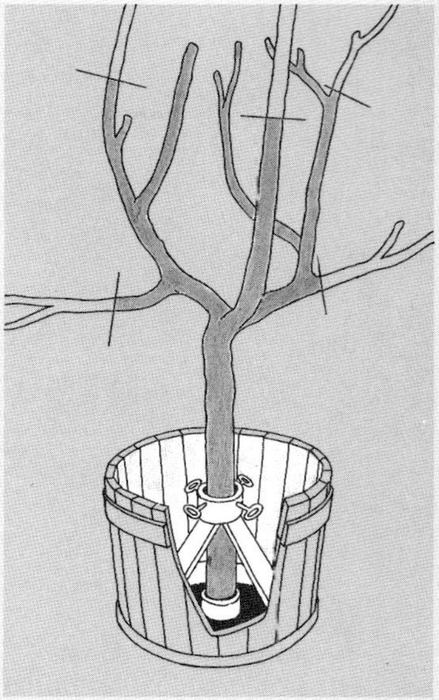

3 | Große Steine, Kies, Erde und Vogelsand in den Bottich füllen.

Zeichnung 2

Nehmen Sie den Baum wieder heraus und bohren Sie mit Hilfe eines Holzbohrers Löcher in die Äste. Weitere Sitzäste durch die Löcher stecken und mit einer reißfesten Schnur festbinden.

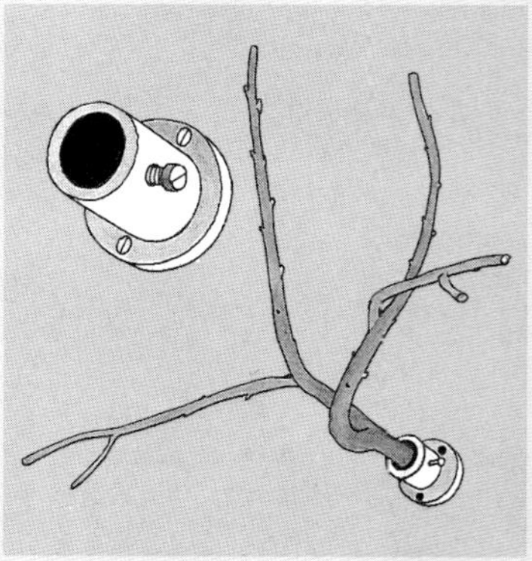

4 | Mit Asthaltern Äste an der Wand (Gitter) befestigen.

Zeichnung 3
Jetzt wird der Baum wieder in den Ständer im Bottich gestellt und mit großen Steinen beschwert. Dann füllen Sie eine Schicht groben Kies in den Bottich, bedecken diese mit Erde und zum Schluß streuen Sie Vogelsand darauf.

Hinweis: Trinkwasser gehört nicht auf das Futterbrett, weil die Sittiche darin auch baden und dabei das Futter naßspritzen.

Zeichnung 5
Nehmen Sie ein stabiles Brett, das so lang ist, daß 3 bis 4 Futternäpfe Platz darauf finden.

Das Futterbrett entweder an der Wand oder am Volierengitter befestigen.

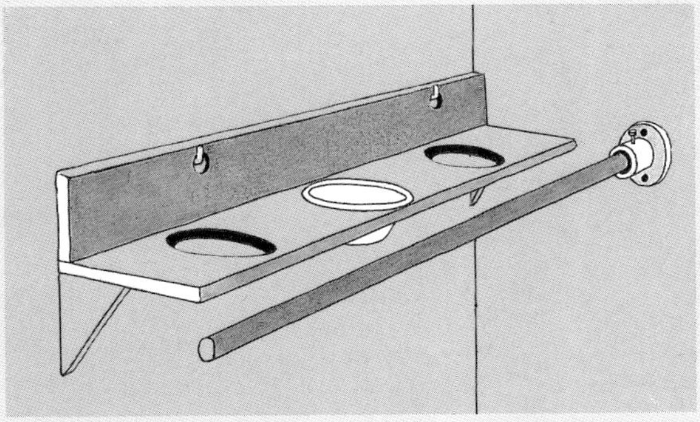

5 | *Das Futterbrett sollte so lang sein, daß mindestens drei Futternäpfe darauf Platz finden.*

der Wand oder am Volierengitter. Vor das Brett kommt ein Anflugast, der mit einem Asthalter an die Wand oder ans Gitter montiert wird. Bringen Sie über dem Brett keinen Sitzast an, damit das Futter nicht durch herabfallenden Kot verunreinigt wird.
Mein Tip: Futterborde aus Kunststoff oder Metallgitter gibt es auch fertig im Zoofachhandel zu kaufen.

Zeichnung 6
Das Futterbrett kann auch frei schwebend aufgehängt werden, indem man es an zwei von der Decke herabhängenden Drahtseilen oder Ketten befestigt. Auch in diesem Fall muß daneben ein Anflugast montiert werden.

Asthalter
Zeichnung 4
Sitz- und Schlafäste befestigt man am besten mit speziellen Asthaltern am Volierengitter oder an der Wand. Sie sind in verschiedenen Größen im Zoofachhandel erhältlich.

Das Futterbrett
Im Käfig oder in einer kleineren Zimmervoliere werden die Futternäpfe einfach im Gitter eingehängt. In einer größeren Zimmervoliere oder in der Freivoliere empfehle ich Ihnen, ein Futterbrett anzubringen. In der Freivoliere ist ein Futterbrett am besten im Schutzhaus oder im überdachten Teil des Freigeheges untergebracht.

Damit die Näpfe rutschfest stehen, sägen Sie Vertiefungen ins Brett oder Löcher heraus, in die die Näpfe eingehängt werden. Befestigen Sie nun das Brett an

Das Futterbrett kann auch – zum Beispiel aus Platzgründen – mit Ketten an die Decke montiert werden.

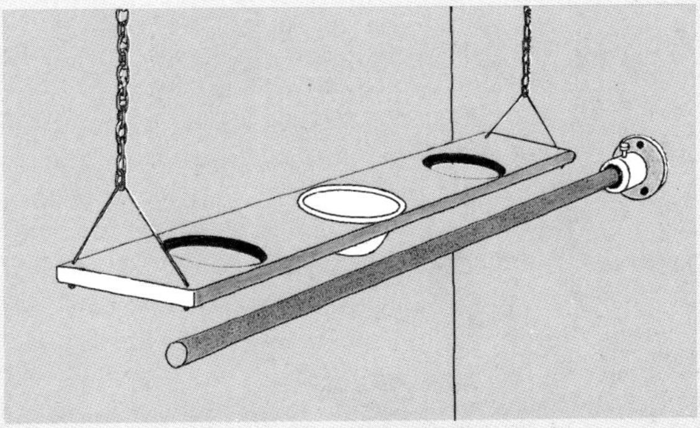

6 | *Vor dem Brett einen Anflugast anbringen, von dem aus die Sittiche das Futter bequem erreichen.*

Springsittich beim Sonnenbad. Auch sonst hält sich diese Art gern am Boden auf.

Die Freivoliere

Für den Bau einer Voliere im Garten gibt es mindestens so viele Möglichkeiten wie bei der Planung eines Familienhauses. Doch bevor Sie sich selbst ans Werk machen oder einen Handwerker beauftragen, sollten Sie sich ausführlich informieren (→ Bücher, die weiterhelfen, Seite 95). Nehmen Sie am besten auch Kontakt zu Züchtern und anderen Vogelhaltern auf, weil Sie von ihnen Tips aus der Praxis bekommen können, die in keinem Lehrbuch stehen. Auf Seite 18 finden Sie wichtige Hinweise, die Sie beim Bau einer Freivoliere beachten sollten.

Vor Baubeginn klären

- Welche behördlichen Genehmigungen sind für Ihre Voliere erforderlich? Für den Bau einer Freivoliere brauchen Sie in jedem Fall eine Gehege-Genehmigung von der Naturschutzbehörde (→ Lexikon, Seite 84); eventuell auch eine Baugenehmigung (→ Lexikon, Seite 82).

• Sind Ihre Nachbarn mit dem Bau einverstanden? Manche Sittich-Arten haben besonders laute Stimmen. Um späteren Ärger zu vermeiden, sollten Sie dies nicht verschweigen.
• Welche Sittichart soll gehalten werden und wie viele Vögel wollen Sie?
• Möchten Sie die Vögel vorwiegend beobachten, dann bauen Sie die Voliere am besten nahe am Haus und in Blickrichtung. Wünschen Sie sich vor allem Sittich-Nachwuchs, dann sollte sie in einer ruhigen Ecke im Garten stehen, da brütende Sittiche möglichst wenig gestört werden dürfen.
• In einer Freivoliere sollte Strom- und Wasseranschluß vorhanden sein.
• Sittiche brauchen für den Winter ein beheizbares Schutzhaus, denn die meisten Arten kommen aus tropischen Gebieten.
• Ideal ist, wenn die Vorderfront der Freivoliere in Ostsüd- oder Westsüd-Richtung liegt, damit viel Sonnenlicht einstrahlen kann.
• In einer Freivoliere muß für Sonnen-, Wind- und Regenschutz gesorgt werden.
• Für die Isolierung einzelner Vögel, die trotz aller Vorkehrungen streitbar und gefährlich für ihre Mitbewohner sind, sollten ein bis zwei kleinere Abteile vorhanden sein, die durch Doppelgitter vom Großraum getrennt sind.
• Wollen Sie Sittiche züchten, dann braucht jedes Brutpaar ein eigenes Abteil in der Voliere und im Schutzhaus.
• Ein Extraraum im Schutzhaus für die schädlingsfreie Lagerung der Nahrung und für die Unterbringung aller Utensilien zur Sauberhaltung der Voliere – am besten sogar mit Wasseranschluß – ist sehr zweckmäßig.

Die richtige Ausstattung für Voliere und Käfig
Folgende Vorschläge für die sinnvolle Einrichtung gelten für alle Volieren und Käfige.

Sitzstangen: Ersetzen Sie die bei Käfig oder Voliere mitgelieferten gedrechselten Sitzstangen durch Naturäste mit verschiedenen Durchmessern (12 bis 24 mm). Dadurch ermöglichen Sie Ihren Vögeln eine natürliche Fußgymnastik. Im Käfig werden die Äste durch Einkerbungen an den Enden am Gitter befestigt. Zur Sicherheit Sitzäste noch mit Paketschnur festbinden. In einer Voliere sind Sitzäste leicht durch spezielle Asthalter (→ Zeichnung, Seite 12) am Gitter oder an der Wand anzubringen.

Wie viele Sitzäste? Ein Ast muß vor den Futternäpfen befestigt werden, damit die Vögel das Futter bequem erreichen können. Ein anderer Ast dient als Schlafplatz. Er sollte Platz für ein Pärchen bieten und so hoch wie möglich angebracht werden, ohne daß die Vögel mit dem Kopf die Decke berühren. Sittiche suchen sich stets den höchsten Ast zum Schlafen aus, weil sie sich dort am sichersten fühlen. In der Freivoliere die Schlafäste im Schutzhaus anbringen, und zwar höher als die Äste im Freigehege. Grundsätzlich sollten Sie darauf achten, daß die Bewegungsfreiheit der Sittiche nicht durch zuviele Sitzäste eingeschränkt wird.

Wo Sie Naturäste bekommen: Der Zoofachhandel bietet Naturäste an. Auch manche Gartenbesitzer geben nach dem Rückschnitt der Bäume im Herbst und Frühjahr Äste ab. Alle Äste müssen vor der Verwendung unter fließendem heißem Wasser abgebürstet werden, um schädliche Rückstände aller Art zu entfernen.

Geeignete Hölzer: Ahorn, Birke, Buche, Eiche, Esche, Ulme, Walnuß.

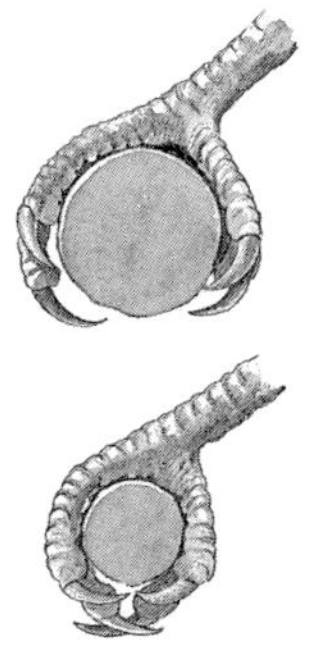

Die Sitzäste im Käfig, in der Voliere oder am Kletterbaum müssen so dick sein, daß die Sittiche sie nicht so weit umgreifen können, daß die Krallen sich berühren. Verzichten Sie auf Sitzstangen aus Metall, sie sind nicht artgerecht.

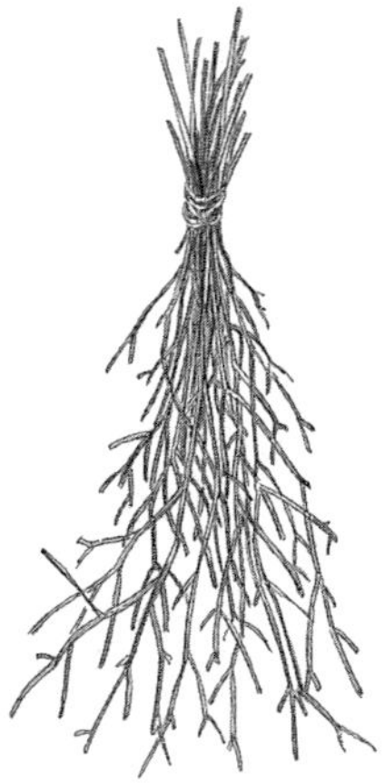

Sittiche nagen sehr gern an frischen Zweigen und Kräutern. Am besten hängen Sie die Zweige gebündelt an einer kurzen Schnur auf, beispielsweise an einem Ast, oder befestigen sie mit einer Holzklammer am Volierengitter.

Achtung: Äste von Goldregen (*Laburum*), Akaziengewächsen (*Robinia*), Eibe, Rhododendron und Oleander sind giftig!
Sittiche nagen gerne: Das starke Nagebedürfnis der Sittiche kann nur befriedigt werden, wenn die Vögel jederzeit pflanzliches Material zur Verfügung haben. Dazu gebündelte Zweige (→ Zeichnung, links), verknotete Hanfseile, Schnabelwetzsteine und ungehobelte kleine Brettchen aus naturbelassenem Weichholz (Holunder, Kastanie, Linde, Pappel oder Weide und ungespritzte Obstbaumäste) anbieten.

Feuchtigkeit für das Gefieder
Sittiche brauchen ständig Gelegenheit zum Baden oder »Duschen«. Feuchtigkeit hält ihr Gefieder gesund und läßt es schön glänzen (→ auch Luftfeuchtigkeit, Seite 22). In der Natur bevorzugen viele Arten stehende Gewässer zum Baden. Als Heimvögel brauchen sie deshalb geeignete Badebehälter.
Andere Arten baden nicht, sondern genießen ausschließlich den Regen. Diesen Genuß kann man ihnen ersatzweise mit einer Blumenspritze verschaffen. In den Steckbriefen auf Seite 64 bis 81 finden Sie Hinweise, ob die jeweilige Sittich-Art eine bestimmte Badeweise bevorzugt.
Badehäuschen: Sittichen, die im Käfig leben, hängen Sie ein Badehäuschen (im Zoofachhandel in verschiedenen Größen erhältlich) in die Öffnung der Käfigtür.
Badeschalen: Volierenvögeln kann man eine flache Schale mit Wasser anbieten. Am besten auf ein Podest stellen, damit das Wasser nicht so leicht verschmutzt. Für kleinere Arten reicht ein großer Blumentopfuntersetzer aus Ton oder Steingut. Für größere Arten eignet sich eine große Schale aus Kunststoff (zum Beispiel ein Katzenklo) oder eine Vogeltränke aus Stein, die etwa 5 cm hoch mit Wasser gefüllt werden kann.
Hinweis: Während der Wintermonate, in denen die Sittiche im Schutzhaus untergebracht sind, kann der Badebehälter auf eine spezielle Heizplatte (Zoofachhandel) gestellt werden. Kabel und Platte für die Vögel unerreichbar anbringen!
Wichtig: Alle Badebehälter täglich reinigen und mit frischem Wasser versehen, da die Vögel auch daraus trinken.
Blumenspritze: Wenn Ihre Sittiche ein Sprühbad aus der Blumenspritze mögen, besprühen Sie die Vögel aus etwa 2 m Entfernung zwei- bis dreimal pro Woche.
Achtung: Die Spritze darf vorher nie mit Pflanzenschutzmitteln oder Dünger in Berührung gekommen sein.
Taubad: An einem Bündel nasser Kräuter, das an einem Sitzast befestigt werden kann, befeuchten sich manche Sittiche mit Begeisterung ihr Gefieder.
Duschecke: In einer Zimmervoliere oder im Volierenzimmer können Sie eine Duschecke (→ Zeichnung, Seite 35) installieren.
Sprühanlage: Ideal für alle Sittiche, die in einer Freivoliere leben, ist eine fest montierte, sich drehende Sprühanlage, die über einen Wasserhahn ein- und ausgeschaltet werden kann.

Raumbelüftung und Beleuchtung
Ob Käfig, Zimmervoliere oder auch Schutzhaus einer Freivoliere, der Raum muß ausreichend belüftbar sein, ohne daß Durchzug entsteht.
Ich empfehle Ihnen, die Fenster in dem Zimmer, in dem Sie Sittiche halten, zu vergittern, damit sie gefahrlos geöffnet werden können. So können die Vögel während der warmen Jahreszeit in ständiger Frischluft leben. Aber auch in der kalten Jahreszeit müssen die Fenster ab und zu gekippt sein, damit genügend Frischluft zirkuliert.

Der kräftige Schnabel hilft dem Rotmaskensittich bei der Gefiederpflege.

Die rote Maske dieser Sittich-Art dehnt sich fleckenweise über Stirn, Scheitel, Zügel, Wangen und Ohrdecken aus. Manche Vögel haben auch über den ganzen Körper verstreut einzelne rote Federn.

Bevor Sie mit dem Bau einer Freivoliere mit Schutzhaus beginnen, sollten Sie alle nötigen Genehmigungen einholen (→ Seite 14).

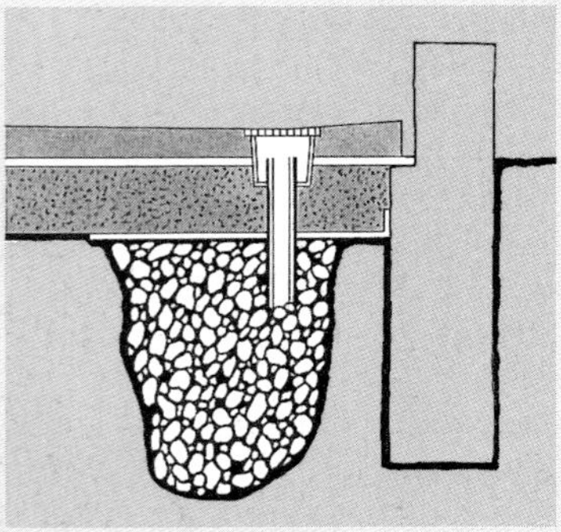

1 | *Fundament, Boden und Sickergrube im Querschnitt.*

Beim Bau der Freivoliere beachten

- Voliere so solide bauen, daß Nager wie Mäuse, Ratten oder Wiesel nicht eindringen können. Sie übertragen Krankheiten und können die Vögel angreifen.
- In einer Gemeinschaftsvoliere (→ Zeichnung 3) kann meist nur eine Sittich-Art leben. Für mehrere Arten brauchen Sie eine Volierenanlage mit Einzelabteilen (→ Zeichnung 4).
- Fundament, Boden und Rahmen werden am besten so angefertigt wie zu den Zeichnungen 1 und 2 beschrieben.
- Holz- und Metallteile der Voliere und das Gitter müssen mit einem Schutzanstrich versehen werden. Hierfür unbedingt nur ungiftige Kunstharzlacke verwenden!
- Das Freigehege sollte teilweise überdacht sein, damit die Vögel jederzeit in den Schatten ausweichen können.
- Je nach Lage, Klima und Sittich-Art mit Wandteilen eine windgeschützte Ecke in der Voliere schaffen.

Fundament und Boden

Zeichnung 1

Das Fundament (aus Beton gegossen oder gemauert) sollte 10 cm breit sein und 80 cm tief in den Erdboden reichen.

Eine Sickergrube ist notwendig, damit Regenwasser abfließen kann. Die Grube 70 bis 80 cm tief ausheben. Kies (3 bis 16 mm) etwa 40 cm hoch einfüllen, Abflußrohr (50 cm) so hineinstellen, daß es mit dem späteren Betonboden abschließt. Dann Grube bis oben mit Kies auffüllen und mit Dachpappe abdecken.

Kapillarschicht: Eine Schicht aus kiesigem Füllsand aufbringen. Wasserundurchlässige Folie als Feuchtigkeitssperre darüberlegen, abschließend eine Baustahlgewebematte.

Boden: Betonboden so gießen, daß er zur Sickergrube hin abfällt. Zwischen Betonboden und Fundament mit Styropor rundherum eine 1 cm starke Dehnfuge anbringen. Boden mit einer Schicht Erde oder Sand auffüllen, die mühelos erneuert werden kann.

Hinweis: Wenn Sie sich für einen reinen Erdboden entscheiden: Etwa 40 cm tief ausheben, lückenlos mit einem Kunststoffgeflecht (10 bis 13 mm Maschenweite) abdecken, damit keine Schädlinge aus dem Erdreich eindringen können. Auf dieses Geflecht kommt eine etwa 20 cm dicke Dränageschicht (Sand-Kies-Gemisch), darauf dann der Mutterboden, der unbedingt zweimal im Jahr abgetragen und erneuert werden muß, um Wurmbefall und Krankheitserregern vorzubeugen.

Rahmen und Gitter

Es gibt zwei Möglichkeiten:
1. Fertigteile, das sind bereits mit Gittern bespannte Metallrahmen.
2. Selberbauen aus Vierkanthölzern (8 x 8 cm) und mit punktgeschweißtem, verzinktem Maschendraht (1 mm) bespannen. Am besten ist eine Doppelbespannung (→ Zeichnung 2), sie gibt mehr Sicherheit vor Katzen und Dieben: Innenbespannung (Maschenweite maximal 1 cm); Außenbespannung (Maschenweite etwas größer).

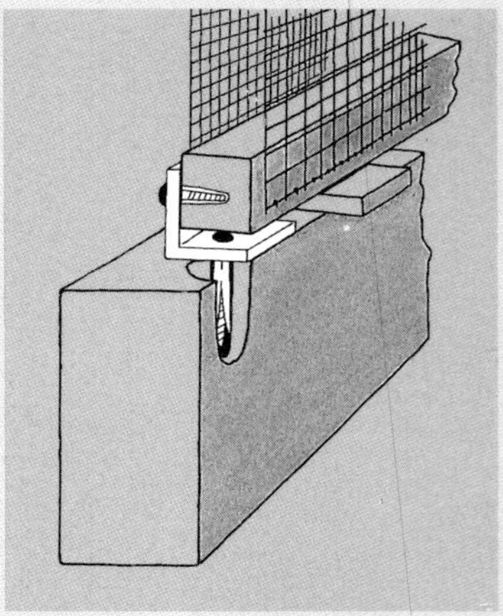

2 | *Der Holzrahmen wird mit Winkeln am Sockel befestigt.*

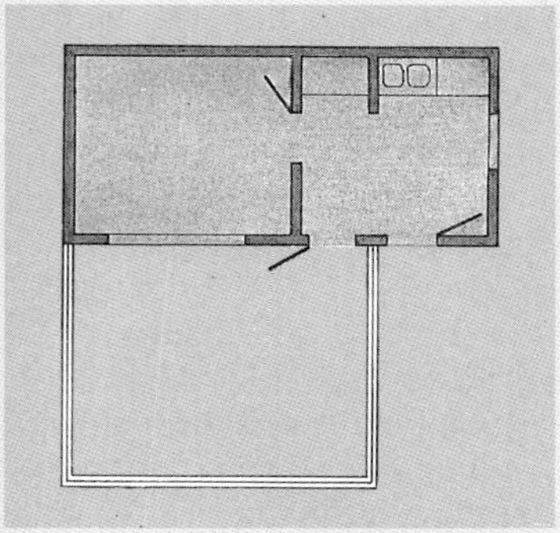

3 | Grundriß einer Gemeinschaftsvoliere mit Vorraum.

Mein Tip: Sind aggressive Arten Volieren-Nachbarn (*Platycercus*-Arten), sollten die Trennwände auf jeden Fall aus Doppelgittern bestehen, besser jedoch derartige Nachbarschaften vermeiden.

Holzrahmen befestigen

Zeichnung 2

Rahmen mit Winkeln auf den Betonsockel dübeln (Kunststoffdübel). Zwischen Rahmen und Sockel 1 cm starke Holzbrettchen legen. Sie werden nach Fertigstellung der Voliere wieder entfernt.

Gemeinschaftsvoliere

Zeichnung 3

Eine Gemeinschaftsvoliere besteht aus einem Freigehege, einem Schutzhaus und einem Vorraum mit Wasseranschluß, in dem Sie alle nötigen Utensilien für die Reinigung der Voliere unterbringen können. Dort kann zum Beispiel auch ein kranker Sittich von seinen Artgenossen isoliert werden. Vom Vorraum aus sollten sowohl das Schutzhaus als auch das Freigehege zu betreten sein.

Volierenanlage

Zeichnung 4

Wenn Sie mit verschiedenen Sittich-Arten züchten wollen, brauchen Sie für jedes Brutpaar ein eigenes Abteil im Freigehege und im Schutzhaus. Bewährt hat sich eine Volierenanlage mit dem hier abgebildeten Grundriß (→ Zeichnung 4).

Das Schutzhaus

Den Winter über verbringen die Sittiche im Schutzhaus, in dem stets eine angenehme Temperatur herrschen soll (im Sommer kühl, im Winter etwa 8 °C). Informieren Sie sich anhand von Fachbüchern (→ Seite 95) über die genaue Bauanleitung.

Bei der Planung bedenken

- Das Schutzhaus braucht ein solides Fundament und am besten einen Betonboden.
- Wände und Decke müssen wärmeisoliert sein.
- Das Dach muß so stabil sein, daß es Schneelast, Sturm und Hagel standhält.
- Wasser- und Stromanschluß (für Beleuchtung und Heizung) müssen vorhanden sein.
- Die Front zur Voliere hin wird mit Fenstern aus Drahtglas versehen. Sie sind stabil und ermöglichen den Vögeln, das Glas als Begrenzung zu erkennen.
- Über den Fenstern muß in jedem Abteil ein Aus- und Einflugloch mit verschließbarer Klappe angebracht werden. Die Klappe sollte über eine Drahtseilrolle vom Futtergang aus bedient werden können, damit man die Gehege nicht betreten muß.
- In einer Volierenanlage die Trennwände im Schutzhaus aus starken Hartfaserplatten oder Steinwänden bauen, damit die Vögel ganz für sich sein können.

Mein Tip: Mit Kleinheizgeräten und Frostwächtern (500 W/220 V) kann das Schutzhaus in der kalten Jahreszeit entsprechend geheizt werden.

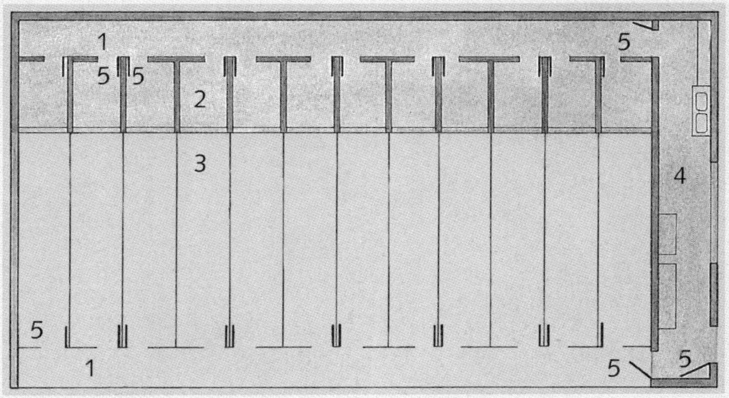

4 | Volierenanlage: 1 Futtergang und »Schleuse«; 2 Abteil Schutzhaus; 3 Abteil Freigehege; 4 Vorraum; 5 Türe.

Freilebende Pennantsittiche beim Baden und Trinken an einer Wasserstelle. Wie alle *Platycercus*-Arten brauchen sie auch als Heim- und Volierenvögel eine ständige Badegelegenheit. Natürlich begnügen sie sich dann auch mit einer flachen Wasserschale. Wichtig ist, daß ihnen frisches und sauberes Wasser zur Verfügung steht.

Nach jeder Nahrungsaufnahme wetzen Sittiche den Schnabel an einem Sitzast, um ihn zu säubern und in Form zu halten. (Zeichnung: Nymphensittich).

Luftfeuchtigkeit: Für das Wohlbefinden der meisten Sittich-Arten sollte die Luftfeuchtigkeit 60 bis 70 % betragen, einige Tage vor dem Schlüpfen der Jungen sogar 80 %. Bei zu trockener Luft wird das Gefieder der Sittiche stumpf, und der Gefiederstaub verursacht Juckreiz. Mit einem Hygrometer kann man die Luftfeuchtigkeit messen, mit einem Luftbefeuchter entsprechend erhöhen (beides im Fachhandel erhältlich).
Beleuchtung: Die meisten Sittiche leben in Regionen, in denen Tag und Nacht gleich lang sind. Die kurzen Tage unserer Wintermonate stellen für diese Tropenbewohner eine Belastung dar. Außerdem reicht das durch Fensterglas geminderte Tageslicht oft nicht aus. Sorgen Sie vor allem in lichtarmen Räumen durch künstliche Beleuchtung 12 Stunden am Tag für ausreichende Helligkeit. Ideal ist, wenn das Licht durch eine automatische Dimmerschaltung allmählich, wie bei Dämmerung, an- und ausgeht. So werden die Vögel morgens, wenn das Licht angeht, nicht erschreckt und können abends bei Dämmerung ihren Schlafplatz aufsuchen. Nehmen Sie nur Lampen, deren Farbspektrum dem des Tageslichts entspricht.
Hinweis: Die Beleuchtung muß so installiert werden, daß die Kabel für die Sittiche unerreichbar sind, sie knabbern daran (→ Bücher, die weiterhelfen, Seite 95).

Tips zur Volierenbepflanzung

Pflanzen in der Voliere sind nicht nur schön, sondern auch zweckmäßig. Sie bieten Sittichen Ruheplätze, Sichtschutz und Deckung. Manche eignen sich auch als Zusatznahrung, wie zum Beispiel die Vogelmiere oder Küchenkräuter. Da sich die Vögel an den Pflanzen mit dem Schnabel zu schaffen machen, empfehle ich Ihnen, nur schnellwachsende, preiswerte und natürlich ungiftige Gewächse (→ Lexikon, Seite 84) zu verwenden.
Mein Tip: Am besten zwei gleiche Pflanzengarnituren anschaffen. So können Sie stark angeknabberte Pflanzen gegen andere austauschen, die sich in der Zwischenzeit erholen konnten.
Hinweis: Die Erde von Pflanzen in Kübeln oder Töpfen mit engmaschigem Drahtgeflecht abdecken, damit die Vögel nicht mit ihr in Berührung kommen. Sie kann Erreger oder Kunstdünger enthalten, die bei den Vögeln Krankheiten verursachen können.
Eine Bodenbepflanzung mit Gras oder Wildpflanzen mögen Sittich-Arten (zum Beispiel *Neophema*-Arten), die mit dem Schnabel gerne im Boden graben und Gras essen.
Die Umgebung der Freivoliere zu bepflanzen, ist ebenfalls sinnvoll. Sträucher wie Hartriegel (*Cornus*), Haselnuß (*Corylus*) oder Holunder (*Sambucus nigra*) halten an der Wetterfront Wind und Regen ab, Laubbäume spenden Schatten auf der Sonnenseite. Die Pflanzen dürfen jedoch nicht zuviel Licht wegnehmen.

Tips für den Kauf

Wo man Sittiche bekommt
Der Zoofachhandel bietet Sittiche an oder kann Ihnen oft die gewünschte Art besorgen (sofern es sich um »handelsfähige« Arten handelt, → Artenschutz, Seite 24). Dort nennt man Ihnen außerdem Adressen von Züchtern, die sich auf bestimmte Arten spezialisiert haben. Auch Fachzeitschriften (→ Seite 95) enthalten immer wieder Angebote von Züchtern.
Mein Tip: Die meisten Sittiche brüten während des Sommers, und die Jungvögel sind bis zum Herbst selbständig. Wenn möglich schon im Sommer einige Züchter aufsuchen, mit dem Züchter über Ihre Wünsche sprechen, die ausgewählte Art dort eingehend beobachten und mit dem Züchter den Kauf für den Herbst vereinbaren.

Vor dem Kauf bedenken
Paarhaltung: Wünschen Sie sich Sittich-Pärchen, dann denken Sie daran, daß jedes Brutpaar ein eigenes Abteil in der Voliere und im Schutzhaus braucht. Kaufen Sie von jeder gewünschten Art je zwei oder drei junge Männchen und Weibchen. Alle Vögel einer Art kommen zunächst in ein gemeinsames Abteil. So können sie sich schon vor der Geschlechtsreife zu harmonierenden Paaren zusammenfinden. Sind nicht alle Vögel zur Paarbildung bereit, versuchen Sie, die Einzelgänger beim Züchter umzutauschen. Ein Umtausch ist jedoch nur möglich, wenn dies im Kaufvertrag (→ Seite 26) vereinbart wurde.
Möchten Sie ein Pärchen in der Zimmervoliere oder in einem großen Käfig halten, empfehle ich Ihnen, ein gleichgeschlechtliches Pärchen zu nehmen, wenn Sie keinen Sittich-Nachwuchs wollen. Einem Männchen und einem Weibchen, das eine Paarbildung eingeht, sollten Sie die Möglichkeit zum Brüten geben. Für die Paarhaltung in der Zimmervoliere eignen sich besonders folgende Arten: Wellen-, Nymphen-, Bourke-, Stanley-, Ziegen- oder Blutbauchsittich.
Sittich-Schar: In einer Gemeinschaftsvoliere leben in der Regel Sittiche einer Art zusammen. Besonders friedfertige Arten, die sich für die Haltung in einer kleinen Gruppe eignen, sind Berg-, Schild-, Ziegen- und Blaukappensittich. Nymphen-, Wellen- und Bourkesittich sind Arten, die sich auch gemeinsam in einer Voliere vertragen. Zusammenleben können ebenso Ziegen- mit Singsittichen. Kaufen Sie entweder nur Männchen oder nur Weibchen oder, falls Sie mit Nachwuchs einverstanden sind, ebenso viele Männchen wie Weibchen. Berechnen Sie 2 m² Raum pro Vogel.

Beim Kauf beachten
- Ich rate Ihnen, nur junge Sittiche zu kaufen, denn nur Jungvögel gewöhnen sich rasch ein, sind bereit zur Paarbildung und noch wenig streitsüchtig. Für einen Anfänger ist es jedoch schwierig, zu erkennen, ob ein Sittich noch jung ist. Bei manchen Arten haben die Jungvögel kürzere Schwänze, blassere Gefiederfarben, oder die Irisfarbe ist anders als bei erwachsenen Vögeln. Am besten vertrauen Sie in diesem Punkt

Wenn Sie noch keine Erfahrung im Halten und Züchten von Sittichen haben, beginnen Sie am besten mit der Pflege eines Pärchens oder einer kleineren Gruppe von Wellen- oder Nymphensittichen. Diese beiden Arten sind äußerst friedfertig, werden leicht zutraulich und brüten bereitwillig.

Auch wenn der Weg zum Züchter oder Zoofachhandel weit ist – holen Sie die Sittiche in jedem Fall selbst ab. Das Verschicken ist Tierquälerei und außerdem haben Sie noch vor dem Kauf die Möglichkeit, die bisherige Unterbringung der Sittiche und ihren Gesundheitszustand zu beurteilen.

einem erfahrenen Zoofachhändler oder Züchter.

- Achten Sie darauf, daß der Sittich einen geschlossenen, keinen offenen Fußring (→ Seite 55) trägt, dann können Sie sichergehen, daß der Ring dem Vogel als Nestling übergestreift wurde und es sich tatsächlich um einen Jungvogel handelt (das Geburtsjahr ist auf dem Fußring abzulesen).
- Bei Zuchtwunsch darauf achten, daß jeder der Jungvögel von verschiedenen Elternpaaren stammt, die nicht miteinander verwandt sind. Am besten jeden Vogel bei einem anderen Züchter kaufen, um Inzucht auszuschließen.
- Wenn Sie züchten wollen, keinesfalls Mutationen (→ Lexikon, Seite 86) kaufen. Fast alle Sittich-Arten sind gefährdet und sollten so erhalten bleiben, wie die Natur sie geschaffen hat.
- Bei vielen Jungvögeln kann man erst nach der Geschlechtsreife erkennen, welches Geschlecht sie haben. Bei einigen Arten ist das Geschlecht äußerlich nicht ersichtlich. Nur durch einen operativen Eingriff (→ Seite 83) könnte es bestimmt werden. Trotzdem wissen erfahrene Züchter oft, welches Geschlecht ihre Jungvögel haben. Falls sich jedoch herausstellt, daß Sie ein Männchen für ein Weibchen gekauft haben oder umgekehrt, haben Sie nur dann ein Rückgaberecht, wenn das Geschlecht schriftlich im Kaufvertrag (→ Seite 26) festgehalten wurde.

Woran man gesunde Sittiche erkennt

- Alle Federn sind voll ausgebildet und nicht verklebt. Der Vogel hat keine unbefiederten Stellen. Etwas zerrupftes Gefieder kann noch aus der Nestlingszeit stammen. Nach der ersten Mauser normalisiert es sich.
- Die Federn um die Kloake – so nennt man den After eines Vogels – sind nicht von Kot verschmutzt.
- Zwei Zehen des Fußes zeigen nach vorn, zwei nach hinten, alle Zehen haben Krallen. Fehlt eine Zehe oder Kralle, muß es noch kein Anzeichen für eine Krankheit sein. Ein Männchen, mit dem Sie züchten wollen, sollte jedoch alle Zehen besitzen, sonst kann es sich beim Begattungsvorgang (→ Seite 58) nicht am Rücken des Weibchens festhalten.
- Der Kot besteht aus einem dunklen und einem weißen Exkrement und ist mittelfest.
- Die Augen sind klar, die Lider nicht verklebt, die Nasenlöcher sondern kein Sekret ab.
- Der Schnabel hat die typische Form des Sittichschnabels (→ Seite 87).

Es ist normal, daß das Schnabelhorn an den Rändern etwas splittert, erneuert sich der Schnabel ständig.

Wichtiges über Artenschutz

Seit dem 1.6.97 gilt in der Europäischen Union (EU) die EG-Verordnung Nr. 338/97 zum Artenschutz, die das Washingtoner Artenschutzübereinkommen (WA) umsetzt und einheitlich für alle Länder der EU die Ein- und Ausfuhr sowie die Vermarktung der geschützten Tier- und Pflanzenarten regelt.

Entsprechend dem Grad ihrer Gefährdung werden die geschützten Tiere und Pflanzen in vier Anhängen aufgelistet.

Anhang A: Arten, die vom WA als vom Aussterben bedroht (WA I) gelten, sowie zusätzliche Arten, die von der EU als besonders bedroht angesehen werden. Sie dürfen weder ein- noch ausgeführt und nur mit Ausnahmegenehmigung verkauft werden.

Anhang B: Im wesentlichen Arten des WA Anhang II. Eine kontrollierte Naturentnahme ist bei diesen Arten möglich, sie dürfen auch ohne weiteres vermarktet werden.

Der Feuerflügelsittich verdankt seinen Namen dem leuchtenden Orange.

Anhang C: Arten, die von einzelnen Ländern geschützt wurden.
Anhang D: Arten, bei denen die EU aufgrund hoher Einfuhrzahlen eine Überwachung für nötig hält. Arten der Anhänge A und B dürfen nur mit Einfuhrgenehmigung der zuständigen Behörden als Wildfänge eingeführt werden. Arten der Anhänge C und D dürfen mit bestimmten Dokumenten des Heimatlandes eingeführt werden. Die CITES-Bescheinigung ist nur noch für Anhang-A-Arten erforderlich, doch auch bei Anhang-B-Arten muß der Halter den legalen Besitz nachweisen können. Kontrolliert wird dies bei der An- oder Abmeldung der Tiere, da der Halter eines geschützten Tieres nach der Bundesartenschutzverordnung jeden Zu- oder Abgang zu melden hat. Die hier im Ratgeber vorgestellten Arten unterliegen alle dem Anhang B und dürfen damit legal erworben oder abgegeben werden. Der Kleine Alexandersittich, der Nymphen- und der Wellensittich sind überhaupt nicht geschützt.

Formalitäten beim Kauf

Der Fußring: Grundsätzlich ist ein geschlossener Fußring zu verwenden, der nicht manipuliert werden kann. Offene Ringe sind nur ausnahmsweise dann zulässig, wenn die Kennzeichnung mit einem geschlossenen Ring nicht möglich ist. Ist die Kennzeichnung weder mit einem offenen noch geschlossenen Ring möglich, kann der Papagei auch mit

Zum Schlafen stecken Sittiche den Schnabel ins Rückengefieder.

einem Transponder gekennzeichnet werden. Diese artenschutzrechtlichen Kennzeichen sind nicht frei im Handel erhält lich, sondern können nur beim ZZF oder BNA (> Adressen, Seite 95) erworben werden. Diese gesetzlich vorgeschriebene Kennzeichnung darf nach dem Gesetz nicht entternt werden.

Hinweis: Wenn ein entflohener Sittich einen Fußring trägt und eingefangen wird, kann der Eigentümer leicht ermittelt werden, da der Vogel über dieses Kennzeichen beim BNA oder ZZF registriert ist.

Der Kaufvertrag: Jedes gut geführte Zoofachgeschäft und jeder seriöse Züchter stellt dem Käufer eine detaillierte Kaufbescheinigung aus. Aus diesem Vertrag sollte hervorgehen: Datum des Kaufs, Vogelart beziehungsweise Unterart, Fußringnummer, Alter und, falls erkennbar, das Geschlecht des Sittichs, Anschrift des Verkäufers und des Käufers.

Hinweis: Bei Tausch, Leihgabe, Zuchtgemeinschaften oder Schenkung genauso konkrete schriftliche Vereinbarungen treffen wie beim Kaufvertrag.

Meldepflicht: Der Besitz eines Sittichs muß vom Eigentümer unverzüglich der zuständigen Naturschutzbehörde (Landratsamt, Untere Naturschutzbehörde) gemeldet werden. Erforderlich sind dazu alle Angaben aus dem Kaufvertrag, Standort der Voliere, Verwendungszweck und Registriernummer der CITES-Bescheinigung. Wohnsitzwechsel, Abgabe, Entfliegen oder Verenden des Vogels sind der Behörde zu melden. Ausgenommen von der Meldepflicht: Adelaide-Sittich, Blaßkopfrosella, Australischer Königs-, Barnard-, Bauers-Ring-, Berg-, Blutbauch-, Bourke-, Browns-, Fein-, Forbes Spring-, Gelbbauch-, Glanz-, Großer und Kleiner Alexander-, Hooded-, Katharina-, Kragen-, Mönchs-, Nymphen-, Pennant-, Prachtrosella-, Rotflügel-, Rotkappen-, Schild-, Schmuck-, Schön-, Schwalben-, Sing-, Stanley-, Stroh-, Vielfarben-, Wellen-, Ziegensittich, Prince of Wales Sittich.

Transport

Holen Sie die Sittiche in jedem Fall selbst ab. Ein Transport im Frachtbehälter per Bahnexpress sollte keinem Vogel zugemutet werden, es wäre Tierquälerei.

Transportkäfig: Sittiche, die sich fremd sind, brauchen für den Transport einen eigenen Behälter, da sie sich gegenseitig verletzen können. Nestgeschwister oder vertraute Pärchen können Sie in einem Behälter transportieren. Einen speziellen Transportkäfig können Sie im Zoofachhandel kaufen oder sich vom Züchter ausleihen. Schützen Sie die Vögel vor Kälte, Hitze und Feuchtigkeit und bringen Sie sie auf dem schnellsten Weg in ihre neue Behausung.

Eingewöhnung, Pflege und Hygiene

Lassen Sie alle Sittiche, die in Gemeinschaft leben sollen, auch gemeinsam in ihre neue Behausung einziehen. Wenn Sie nicht alle Vögel gleichzeitig erwerben können, sollten die ersten Sittiche die Wartezeit in separaten Käfigen so lange überbrücken, bis alle Vögel beisammen sind. Besonders friedliche Arten wie Wellen-, Bourke- oder Bergsittich kann man während dieser Zeit zur Not auch zu zweit in einen gemeinsamen Käfig setzen.

Einzug in eine Voliere

Gemeinschaftsvoliere: Die Sittiche gemeinsam, am besten am Vormittag, ins Schutzhaus der Freivoliere oder in die Zimmervoliere einlassen. So hat keiner der Vögel irgendwelche Vorrechte, alle sind sich noch fremd und gleichermaßen unsicher in der neuen Umgebung. Sie werden sich rasch aneinander gewöhnen und den Raum unter sich verteilen. Gefüllte Futter- und Trinknäpfe sollten schon bereitstehen.
Beim Schutzhaus kann die Ein- und Ausflugklappe am nächsten Morgen geöffnet werden, damit die Sittiche auch das Freigehege inspizieren können. Auch hier zuvor gefüllte Futternäpfe sowie Trink- und Badewasser bereitstellen. Dann brauchen Sie die Vögel in den ersten Stunden des Tages nicht mehr durch das Betreten des Geheges zu beunruhigen.
Volierenabteil: Auch ein Volierenabteil sollten die Vögel gemeinsam beziehen. Die verschiedenen Abteile können jedoch nach und nach besetzt werden.
Hinweis: In den ersten Tagen müssen Sie die Sittiche immer wieder beobachten, um sofort eingreifen zu können, wenn es zu Streitigkeiten kommt. Für diesen Fall sollten Sie ein Fangnetz (Kescher) bereithalten, um einen Störenfried gegebenenfalls zu entfernen, der dann entweder in ein freies Abteil oder in einen Käfig kommt.
Mein Tip: Wer noch nie einen Vogel mit dem Kescher gefangen hat, sollte sich dies unbedingt von einem Züchter zeigen lassen, damit der Vogel nicht verletzt wird oder entkommt.

Einzug in einen Käfig

Nachdem Sie den Käfig eingerichtet haben und Futter- und Trinknäpfe gefüllt sind, dürfen Sie Ihren Sittich oder das Sittich-Pärchen in das neue Zuhause einlassen. Sie sollten die Sittiche noch genauer beobachten als in der Voliere, denn wenn es zu Streitigkeiten kommt, können die Vögel sich im Käfig nicht ausweichen.

Sittiche aneinander gewöhnen

Es kommt immer wieder vor, daß neue Sittiche in eine bereits bestehende Volierengemeinschaft integriert werden sollen, daß ein Zuchtpaar zusammengebracht werden muß oder daß Sie Ihrem Einzelvogel einen Partner dazugesellen möchten.

Während der Eingewöhnungsphase Ihrer Schützlinge müssen Sie viel freie Zeit aufbringen. Nur wenn Sie die Vögel beinahe rund um die Uhr beobachten, haben Sie die Möglichkeit, bei ernsthaften Streitereien rechtzeitig einzugreifen.

Einzug in die Gemeinschaftsvoliere

Ein Neuankömmling hat es oft schwer, sich gegen eine intakte Volierengemeinschaft durchzusetzen. Die »alten« Sittiche betrachten ihn als Eindringling, jagen ihn oder vertreiben ihn von den Näpfen. Ich hänge deshalb den Neuling in einem Käfig etwa in Augenhöhe in der Voliere an die Wand. Nachts stelle ich ihn zu den anderen Vögeln ins Schutzhaus. Nach ein paar Tagen kann die Käfigtür geöffnet werden, und es bleibt dem Sittich überlassen, wann er sich heraustraut. Reagiert die Schar aggressiv, kann der Neuling jederzeit in den Käfig fliehen. Meist wird er nach wenigen Tagen so vertraut mit seiner Umgebung und seinen Artgenossen sein, daß man den Käfig entfernen kann.

Hinweis: Ich empfehle Ihnen, jeden Sittich, den Sie neu erwerben, etwa 10 Tage in einem Käfig unterzubringen, bevor er in eine Schar integriert wird. Während dieser Zeit können Sie seinen Gesundheitszustand überprüfen und den Kot auf mögliche Erreger oder Parasiten untersuchen lassen.

Die Paar-Zusammenführung im Volierenabteil

Wollen Sie mit einer Sittich-Art züchten und haben Sie einen passenden Geschlechtspartner für Ihren Sittich erworben, so bringen Sie ihn ebenfalls zunächst in einem Käfig ins Volierenabteil. Schon am nächsten Tag kann die Käfigtür geöffnet werden. Beobachten Sie beide Vögel möglichst rund um die Uhr. Sollte es zu ernsthaften Streitereien kommen, bringen Sie den neuen Vogel in einem freien Nachbarabteil unter, damit sich die beiden einige Wochen lang durch das Gitter hindurch miteinander bekannt machen können. Wer genau beobachtet, kann leicht feststellen, ob zwischen den beiden Abneigung auf Lebenszeit herrscht oder ob es sich nur um Anfangsschwierigkeiten handelt. Bei gegenseitiger Abneigung bekämpfen sich die Sittiche durchs Gitter hindurch. Ist dies der Fall, muß der Neuling, wenn möglich, umgetauscht werden oder in Zukunft in einem entfernteren Abteil leben. Freunden sich die beiden jedoch mit der Zeit durch das Gitter hindurch an, kann man nach einigen Wochen erneut einen Versuch wagen und den Neuling wieder im Käfig ins Volierenabteil hängen.

Hinweis: Bei der Paar-Zusammenführung kommt es manchmal vor, daß ein Sittich-Männchen ein Weibchen sehr bedrängt – vor allem dann, wenn das Männchen das Gehege schon vorher allein bewohnt hat. In einem solchen Fall kann man die Flügel des Männchens stutzen, um es vorübergehend flugunfähig zu machen. Man beschneidet dazu an beiden Flügeln die äußeren drei Schwingen. Das Weibchen kann sich dann besser in Sicherheit bringen. Wenn Sie noch nie die Flügel eines Sittichs gestutzt haben, lassen Sie es sich zuerst von einem erfahrenen Züchter oder Tierarzt zeigen, bevor Sie es selbst versuchen.

Die Paar-Zusammenführung im Käfig

Sollten Sie sich dafür entschieden haben, Ihrem bisher allein lebenden Vogel einen Partner zu schenken, dann gehen Sie im Prinzip genauso vor, wie ich es für die Voliere beschrieben habe. Stellen Sie beide Käfige nebeneinander, damit sich die Vögel zunächst durch

Ein bereits eingewöhnter Sittich wird einen neuen Partner in der Regel nicht gleich freudig akzeptieren. Zunächst wird er sein Territorium verteidigen und seine Überlegenheit ausspielen. Damit es dabei nicht zu ernsthaften Verletzungen kommt, sollte der neue Vogel zunächst in einem Käfig in die Voliere gehängt werden.

◁ *Wildlebende Wellensittiche beim Trinken und Baden. An einer Wasserstelle finden sich manchmal Tausende von Vögeln zusammen.*

Fenster und Türen sollten beim Freiflug im Zimmer unbedingt geschlossen sein. Zahme Sittiche nehmen zwar selten freiwillig Reißaus, aber ein plötzliches Geräusch oder eine unerwartete Bewegung kann sie so aufschrecken, daß sie doch einmal durch ein offenes Fenster entwischen.

das Gitter hindurch kennenlernen. Lassen Sie dem neuen Vogel ein paar Tage Zeit, sich an die fremde Umgebung zu gewöhnen. Dann dürfen die Käfigtüren geöffnet werden. Freunden sich die Vögel miteinander an, kann man sie bald zusammen in einen Käfig setzen.

Vertrauen fördern

Versuchen Sie, vor allem in der ersten Zeit, unnötige Störungen wie lärmintensive Arbeiten in der Nähe der Sittiche so gut es geht zu vermeiden und nach und nach das Vertrauen der Vögel zu gewinnen.

Was Vertrauen fördert:

- Alle Arbeiten in und an Voliere oder Käfig täglich zur gleichen Zeit vornehmen. Die Vögel werden sich diesen Rhythmus rasch zu eigen machen.
- Nähern Sie sich Ihren Vögeln niemals stumm. Vögel sind stummen Wesen gegenüber mißtrauisch. Reden oder pfeifen Sie, wenn Sie in ihrer Hörweite sind, und sprechen Sie mit ihnen, wenn Sie sich bei ihnen aufhalten.
- Lassen Sie mehrere Stunden am Tag ein Radio in Zimmerlautstärke in der Nähe der Sittiche laufen, so gewöhnen sie sich an menschliche Laute.
- Vermeiden Sie hastige Bewegungen und unnötigen Lärm.
- Vermeiden Sie in den ersten Wochen außerdem, mit auffälliger Kleidung vor Ihren Sittichen zu erscheinen, beispielsweise mit einem großen Hut oder mit dunkler Sonnenbrille. Das könnte die Vögel ängstigen.
- Wenn Sie herausgefunden haben, welche Sämereien und welche Frischkost Ihre Sittiche bevorzugen, können Sie versuchen, näheren Kontakt durch kleine »Geschenke« aufzunehmen.

Hinweis: Lebt bei Ihnen nur ein einzelner Sittich oder ein Pärchen, wird sich ein intensives Vertrauensverhältnis zu den Vögeln entwickeln. Sie können dann versuchen, Ihre Sittiche handzahm zu machen oder ihnen einzelne Wörter und kleine Sätze beizubringen (→ Weiterführende Literatur, Seite 95).

Gefahren für Sittiche

Trotz großer Vorsicht passiert es leider immer wieder, daß Sittiche wegfliegen oder daß ihnen beim Freiflug im Zimmer ein Unglück zustößt.

Wegfliegen

Ein Sittich kann beispielsweise beim Öffnen der Freivoliere entwischen oder durch ein offengelassenes Fenster davonfliegen. Entflogene Vögel sind in großer Gefahr, denn sie finden in der Natur kaum bekömmliche Nahrung, werden bei Regen, Kälte oder Schnee rasch kraftlos, so daß sie für einen Greifvogel leichte Beute sind. Selbst wenn ein Sittich bei warmem Wetter im Sommer entkommt, ist es ungewiß, ob er zurückfindet. Am ehesten gelingt das noch Bewohnern von Freivolieren, da sie die Umgebung kennen und der Partner sie wahrscheinlich durch Rufe locken wird. Entdecken Sie einen solchen Flüchtling in der Umgebung auf einem Baum oder Busch, dann haben Sie noch eine Chance ihn zurückzuholen. Zunächst müssen alle Sittiche ins Schutzhaus gesperrt werden. Dann hängen Sie einen Käfig mit einem »Lockvogel« dicht unter das Dach des Freigeheges. Die Bespannung des Dachs jetzt so weit öffnen, daß der Entflogene leicht wieder in sein gewohntes

Gefahren für Sittiche

Gefahren	Vermeiden der Gefahr
Offene Türen: Die Vögel nutzen sie als Sitzplatz. Wird eine Tür geschlossen, kann es zu Verletzungen kommen.	Achten Sie vor dem Schließen einer Tür immer darauf, wo der Vogel sitzt.
Fußboden: Ein Sittich kann durch Fußtritte getötet werden.	Beim Gehen stets auf den Boden schauen.
Gefäße mit Wasser: Die Vögel trinken gern aus Vasen und Eimern oder wollen darin baden und können so ertrinken.	Gefäße zudecken, Vogel bei Hausputz nicht frei fliegen lassen.
Papierkorb, Ziergefäße: Hineinrutschen, Verhungern oder Herzschlag aus Angst, da der Vogel nicht allein herauskann.	Korbware verwenden, glatte Innenwände mit Drahtgeflecht auskleiden. Ziergefäße mit Sand füllen.
Fliegenfänger: Solche, an denen Fliegen kleben bleiben, können auch für Sittiche Todesfallen sein.	Auf diese Fliegenfänger verzichten.
Herdplatten: Tödliche Verbrennungen beim Landen auf noch heißer Herdplatte.	Auf unbenützte heiße Herdplatte Kessel mit kaltem Wasser stellen. Vogel nie unbeaufsichtigt in der Küche fliegen lassen.
Elektrische Geräte und Öfen: Tod durch Verbrennungen.	Für Vögel unerreichbar installieren.
Pralle Sonne: Gestaute Hitze hinter Glasscheiben kann Herzschlag verursachen.	Schattenplatz ermöglichen, lüften.
Temperaturunterschiede: Jähe Schwankungen führen zu Erkältungen oder Hitzschlag.	Allmähliches Gewöhnen an Temperaturen zwischen 5 und 30 °C.
Gifte: Tödliche Vergiftungen möglich durch Spülmittel, Haushaltsreiniger, Katzenstreu, Blei, Bleistiftspitzen, Kugelschreiber- und Filzstiftminen, Sprays zur Luftverbesserung und Insektenvernichtung, chemisch behandelte Holzspäne, Medikamente (selbst harmlose Hustenbonbons), giftige Pflanzen (→ Seite 84).	Alle genannten Stoffe oder Gegenstände für die Vögel unerreichbar aufbewahren. Spuren restlos entfernen. Giftige Pflanzen nicht in die Voliere oder ins Vogelzimmer stellen.

Vergittern Sie die Fenster in dem Raum, in dem Ihre Sittiche leben, dann kann kein Vogel davonfliegen. (Zeichnung: Nymphensittich).

Gehege und zu seinen Artgenossen zurückfindet. Sitzt der Vogel auf einem Baum in erreichbarer Höhe, dann können Sie ihn auch vorsichtig mit einem Gartenschlauch so besprühen, daß er vorübergehend nicht mehr fliegen kann. Dann läßt er sich vielleicht mit der Hand einfangen. Natürlich gehört in beiden Fällen eine Portion Glück dazu.

Der erste Flug
Einzelvögel oder Paare, die im Käfig oder in einer kleineren Zimmervoliere leben, müssen täglich ihre Flugrunden im Zimmer drehen dürfen. Vor dem ersten Freiflug müssen Sie alle möglichen Gefahren beseitigen: Türen und Fenster schließen, die Vorhänge zuziehen. Falls Sie keine Vorhänge haben, Jalousien bis auf 20 cm herunterlassen und eventuell Licht anschalten. Der Vogel muß erst lernen, Fensterscheiben als Begrenzung zu erkennen. Die unbedeckte Fensterscheibe dann täglich um ein kleines Stück vergrößern, bis der Vogel die Scheibe als Raumbegrenzung begriffen hat (→ Weiterführende Literatur, Seite 95).

Hygiene ist wichtig
Wer nur ein Sittichpärchen hält, kommt mit den Pflegemaßnahmen aus, die ich Ihnen im Pflegeplan (→ Seite 34) zusammengestellt habe. Leben jedoch mehrere Sittiche in einem gemeinsamen Gehege oder paarweise in Nachbarabteilen einer Voliere, sind zusätzlich sehr viel gründlichere Hygienemaßnahmen nötig. In regelmäßigen Abständen muß desinfiziert und einmal jährlich eine Großreinigung mit allen nötigen Reparaturen durchgeführt werden.
Hinweis: Bei der Desinfektion und beim jährlichen Großputz müssen die Vögel aus der Voliere oder dem Volierenabteil herausgefangen und für mehrere Stunden in Käfigen untergebracht werden. In der Freivoliere kann man die Vögel auch im Schutzhaus einsperren, während das Freigehege desinfiziert wird und umgekehrt.

Die Desinfektion
Besonders wenn mehrere Sittiche gemeinsam in einer Voliere leben, müssen Sie in regelmäßigen Abständen Gehege, Futternäpfe, Sitzstangen und Beschäftigungsgegenstände desinfizieren. Auf diese Weise beugen Sie Erkrankungen der Sittich-Schar vor. Verwenden Sie für die regelmäßige Desinfektion nur leichte und ungefährliche Desinfektionsmittel. Achten Sie besonders streng darauf, daß sie kein Formaldehyd enthalten. Dieser hochgiftige Stoff würde langfristig die Gesundheit Ihrer Sittiche beeinträchtigen. Fragen Sie im Zweifelsfall den Tierarzt. Auch wenn Sie ein Desinfektionsmittel gegen bestimmte Erreger brauchen, wird er Ihnen ein spezielles Mittel verschreiben.
Wichtig: Befolgen Sie bei Desinfektionsmitteln unbedingt die Hinweise des Herstellers in der Gebrauchsanweisung.
Hinweis: Wer Bedenken gegen jegliche Art von Desinfektionsmittel hat, kann auch mit heißem Essigwasser oder Schmierseifenlauge desinfizieren. Allerdings ist die desinfizierende Wirkung schwächer.

Gründliche Hygienemaßnahmen sind für das Wohlbefinden der Sittiche unumgänglich. Der relativ kleine Lebensraum, an den sie in menschlicher Obhut gebunden sind, muß peinlich saubergehalten werden, sonst halten gefährliche Krankheitserreger Einzug.

1 *Ein ausgiebiges Bad stellt für die australischen Pennantsittiche ein besonderes Vergnügen dar.*

Es gibt spezielle Desinfektionsmittel, mit denen man gezielt gegen Krankheitserreger wie Bakterien, Viren, Pilze oder Parasiten vorgehen kann. Am besten lassen Sie sich im Bedarfsfall vom Tierarzt das richtige Mittel verschreiben.

Pflegeplan

Täglich

Morgens:

- Alle Eß- und Trinknäpfe, Badegefäße ausleeren, heiß auswaschen, abtrocknen und frisch füllen.
- Kot von Sitzstangen, Ästen, Gitterstäben oder Maschengitter abbürsten.
- Futtertisch abbürsten oder absaugen.
- Käfig- oder Zimmervolieren-Boden: Mit kleiner Schaufel Kot, Federn und Nahrungsreste entfernen.
- Freivolieren-Boden: Schmutzteile mit kleinem Rechen entfernen.

Abends: Frischkost vom Morgen entfernen und immer zur selben Zeit die Beleuchtung ausschalten, falls keine automatische Dimmerschaltung (→ Beleuchtung, Seite 22) vorhanden ist.

Die meisten Sittiche genießen ein lauwarmes Duschbad aus der Blumenspritze. Dabei heben sie die Flügel, drehen und wenden sich, um überall besprüht zu werden. (Zeichnung: Nymphensittich).

Hinweis: Brüten Ihre Sittiche, sollten Sie in den ersten zehn Bruttagen nur die allernötigsten Reinigungsarbeiten vornehmen, da die Weibchen sehr störanfällig sind. Es genügt, wenn Sie täglich die Futter-, Trink- und Badegefäße heiß auswaschen, abtrocknen und auffüllen.

Mein Tip: Zum Reinigen am besten Bürsten mit nicht rostenden Messingborsten und Spachteln in unterschiedlichen Größen anschaffen.

Wöchentlich

- Eßnäpfe aus Edelstahl ausleeren und drei Minuten in 95 °C heißem Wasser sieden lassen; bei Kunststoffnäpfen auf Hitzebeständigkeit achten, notfalls nur heiß auswaschen.
- Trink- und Badegefäße 30 Minuten in 50 °C heißem Wasser mit 25 bis 50 % Cillit-Anteil (im Lebensmittelgeschäft erhältlich) entkalken. Anschließend mit einem leichten Desinfektionsmittel desinfizieren, mehrmals mit frischem Wasser abspülen, abtrocknen.
- Sitzstangen und Äste abmontieren und abbürsten. Desinfizieren, gründlich abspülen und trocknen lassen.
- Futtertisch abbürsten oder absaugen, desinfizieren und gründlich abspülen.
- Im Käfig oder in der Zimmervoliere Sandeinstreu entfernen, Boden desinfizieren, mit frischem Wasser nachwischen und neuen Sand einstreuen.
- In der Freivoliere Sandboden wie täglich säubern und wenn nötig Sand nachstreuen. Erdboden wie täglich behandeln.

Alle 4 bis 10 Wochen

(Zwischenreinigung)

- Alle Gefäße und beweglichen Gegenstände entfernen und wie wöchentlich behandeln. Neue Wetzsteine anbringen.
- Sitzäste entfernen und wie wöchentlich behandeln, wenn nötig ersetzen.

• Futtertisch abbürsten oder absaugen, desinfizieren und gründlich abspülen.
• Im Käfig oder in der Zimmervoliere Sandboden entfernen, Boden saugen, desinfizieren und mit frischem Wasser gründlich nachwischen, neuen Sand einstreuen.
• In der Freivoliere Sandboden wie täglich säubern und wenn nötig Sand nachstreuen. Erdboden wie täglich behandeln.
• Volieren- oder Käfigrahmen, Gitter, Fenster, Heizkörper und Türen desinfizieren, gut nachspülen und trockenreiben.
• Ecken, Spalten, Führungsnuten, Asthalterungen aus- oder abbürsten, absaugen, desinfizieren, gründlich nachwischen und trocknen lassen.

<u>Einmal im Jahr</u>
(Großreinigung)
Bei Volieren, in denen mehrere Sittiche leben, sollten Sie am besten im Frühjahr eine Großreinigung vornehmen.
• Zunächst genauso wie bei der Zwischenreinigung (→ oben) vorgehen.
• Nistkästen absaugen oder abbürsten, innen und außen desinfizieren, gründlich abspülen und an der Luft trocknen lassen. Desinfizierte Nistkästen wieder an derselben Stelle aufhängen.
• Decken, Wände, Türen, Fensterrahmen abbürsten und abwaschen, desinfizieren, gründlich nachwischen und trocknen lassen. Unebenheiten, rauhe oder poröse Stellen an den Wänden glätten und eventuell vergipsen. Neue Anstriche aufbringen und danach gut lüften, ehe die Vögel wieder in ihr Gehege dürfen.
• Alle nötigen Reparaturen und Instandsetzungen durchführen.
• Betonierter Volierenboden: Erde- oder Sandauffüllung entfernen und neu auffüllen; eventuell bepflanzen (→ Seite 22).

*Wenn Sie die Möglichkeit haben, für Ihre Sittiche eine »Duschecke« einzurichten, sollten Sie ihnen dieses besondere Vergnügen nicht vorenthalten.
(Zeichnung: links: Nandaysittich; rechts: Singsittich).*

• Unbetonierter Volierenboden: Mutterboden ein- bis zweimal im Jahr abtragen und erneuern.
Alternative: Erde mit Bunsenbrenner oberflächlich abfackeln und nur alle drei Jahre Boden abtragen und mit neuer Erde auffüllen; eventuell bepflanzen (→ Seite 22).
<u>Wichtig:</u> Nach jeder Zwischen- und Großreinigung Werkzeuge und Staubsauger desinfizieren!

Die richtige Ernährung

Sittiche leben überwiegend von Körnern, zwischendurch nehmen sie aber gern auch frisches Obst, Gemüse und Wildpflanzen zu sich. Eine abwechslungsreiche Ernährung hält ihre Schützlinge gesund und munter.

Was Sittiche mögen

In der Natur können sich Sittiche sehr vielseitig und vollwertig ernähren. Alles was sie essen, ist frisch gereift und bietet deshalb ein Maximum an Wertstoffen. Zu ihrer Nahrung gehören Sämereien, Knospen, junge Blätter, Früchte und Beeren, Blütennektar und Pollen. Außerdem schälen sie die Rinden der Zweige ab und picken kleine Steine aus der Erde, die ihnen als Verdauungshilfe dienen. Einige Wissenschaftler vermuten sogar, daß Sittiche Insektenlarven, Kleinstinsekten und Wasserschnecken verzehren und damit ihren Eiweißbedarf decken. Es ist also gar nicht so leicht, das natürliche Nahrungsangebot zu ersetzen. Mit etwas Mühe und Umsicht gelingt es jedoch, die Sittiche auch in menschlicher Obhut vollwertig zu ernähren, so daß man sich viele Jahre an gesunden Vögeln mit glänzendem Gefieder erfreuen kann.

Körner als Grundnahrung

Sicher haben Sie vom Zoofachhändler oder Züchter Hinweise auf die bisherige Grundnahrung Ihrer Sittiche bekommen. Halten Sie verschiedene Arten, so müssen Sie eventuell unterschiedliche Körnermischungen bereitstellen, je nach Körpergröße und Schnabelstärke der Sittiche. Der Handel bietet fertige Körnermischungen an, aber auch einzeln abgepackte Körnerarten.

Wenn Sie in der ersten Zeit die Körnermischung erneuern, achten Sie darauf, welche der Körnerarten die Vögel bevorzugt herauspicken. Dann können Sie eigene Mischungen zusammenstellen oder besonders begehrte Sämereien in extra Näpfchen anbieten. Dadurch erspart man sich auch erheblichen Abfall.

Körnermischungen sollten enthalten:

Für große Sittiche, wie zum Beispiel Barnard-, Schild- und Bergsittich: Verschiedene Hirsearten, Glanzsamen, Hafer, Weizen, Kürbiskerne, Sonnenblumenkerne (weiß, gestreift und schwarz) und für kalte Tage etwas Hanf und Negersaat.

Für kleine Arten, wie beispielsweise Schön-, Bourke- und Wellensittich: 75% der gesamten Körnermenge besteht aus verschiedenen Hirsearten. Dazu kommen Glanzsamen, kleine Sonnenblumenkerne, Weizen, Hafer, Leinsamen und für kalte Tage wenig Hanf, Negersaat und Mohn. Vor allem kleinen Sittichen nicht die geliebte Kolbenhirse vorenthalten, die aber auch die großen mögen.

Mein Tip: Fetthaltige Samen wie Sonnenblumenkerne sollten zu etwa 8% enthalten sein, während der Brutzeit bis zu 20%. Sonnenblumen- und Kürbiskerne grundsätzlich ungeschält anbieten, da das Enthülsen willkommene Schnabelarbeit bedeutet.

Die südamerikanischen Mönchssittiche ▷ können in ihrer Heimat auf Maisfeldern großen Schaden anrichten und werden deshalb oft rücksichtslos bekämpft.

1 | *Eingeweichte Körner in die Keimschalen füllen.*

Abwechslungsreiche Ernährung hält Ihre Sittiche gesund. Deshalb brauchen sie außer dem täglichen Körnerfutter unbedingt vitaminreiche Frischkost wie Keimlinge, Gemüse und Obst.

Vitaminkur mit gekeimten Körnern

Etwa alle sechs Wochen können Sie die tägliche Frischkost durch gekeimte Körner anreichern. Wenn die Vögel sie etwa 20 Tage lang bekommen, erübrigen sich im allgemeinen zusätzliche Vitaminpräparate (→ Vitalstoffe, Seite 42). Während der gesamten Brut- und Aufzuchtzeit gehören gekeimte Körner zum täglichen Angebot.
Zum Keimen eignen sich alle Körner, die ich bei der Grundnahrung auf Seite 36 genannt habe. Damit das Keimen von Samen problemlos gelingt, empfehle ich Ihnen die Anschaffung eines Keimsilos, das Sie im Zoofachhandel kaufen können.
Hinweis: Überprüfen Sie vor der Verwendung anhand der Keimprobe (→ Seite 40) bei allen Körnern den Nährwert.

Keimen mit dem Keimsilo

Ein Keimsilo besteht aus 3, 4 oder mehr runden Keimschalen mit Siphonhütchen und einer Wasserauffangschale.
Bevor die Körner in das Silo gefüllt werden, müssen sie quellen. Dazu die Körner in eine Glasschale geben, mit Wasser bedecken und 24 Stunden in der locker abgedeckten Glasschale einweichen. Rechnen Sie pro Sittich etwa 2 Eßlöffel gemischte Samen als Tagesportion.

Zeichnung 1
Die eingeweichten Körner in einem engmaschigen Sieb mit lauwarmem Wasser abspülen und in die Keimschalen füllen, die unterste (Wasserauffangschale) bleibt leer.

Zeichnung 2
Alle Schalen aufeinanderstellen und in die oberste vorsichtig 1/4 Liter Wasser gießen. Das Wasser läuft durch die Siphonröhrchen automatisch durch die einzelnen Keimschalen, benetzt die Körner und sammelt sich dann in der Wasserauffangschale.
Stellen Sie das Keimsilo an einen hellen Platz, jedoch nicht direkt ins Sonnenlicht, und gießen Sie es wie beschrieben jeden Tag einmal.

2 | *Jeden Tag 1/4 l Wasser in die oberste Keimschale gießen.*

3 | *Keimlinge portionsweise entnehmen und anbieten.*

Zeichnung 3
Sobald Keime aus den Körnern sprießen oder schon kleine Stengel emporwachsen, können sie den Sittichen angeboten werden. Zuvor die Keime in einem Sieb lauwarm abbrausen und gut abtropfen lassen. Reichen Sie die Keimlinge in einem extra Napf.
Mein Tip: Als Näpfe für Keimfutter haben sich Nistschalen für Kanarienvögel (im Zoofachhandel erhältlich) bewährt. Sie sind aus Kunststoff und haben kleine Löcher, durch die die Keimlinge belüftet werden und deshalb nicht so rasch verderben. Trotzdem das übriggebliebene Keimfutter nach spätestens einem halben Tag entfernen.

Frischkost richtig anbieten
Obst, Gemüse und Kräuter sind für die tägliche Ernährung Ihrer Sittiche unentbehrlich. Welche Frischkost Sie füttern dürfen und was für Sittiche unverträglich ist, habe ich auf Seite 41 erläutert. Wichtig ist, Obst, Gemüse und Kräuter so anzubieten, daß Ihre Vögel es problemlos und mit Spaß verzehren können. Praktische Beispiele zeigen Zeichnungen 4 und 5. Hartes Obst und Gemüse, zum Beispiel eine Apfelspalte oder eine Möhre, kann man zwischen die Gitterstäbe klemmen. Sie können auch beides grob raspeln, mit kleingeschnittenem Salat, Blattgemüse und gewürfeltem Obst mischen und in einer möglichst flachen Schale anbieten.
Mein Tip: An frischen Milchmaiskolben (Gemüsehändler) und frischer Kolbenhirse mit halbreifen Samen (vom Biobauer) knabbern Sittiche besonders gern. Beides können Sie auch für den Wintervorrat einfrieren.

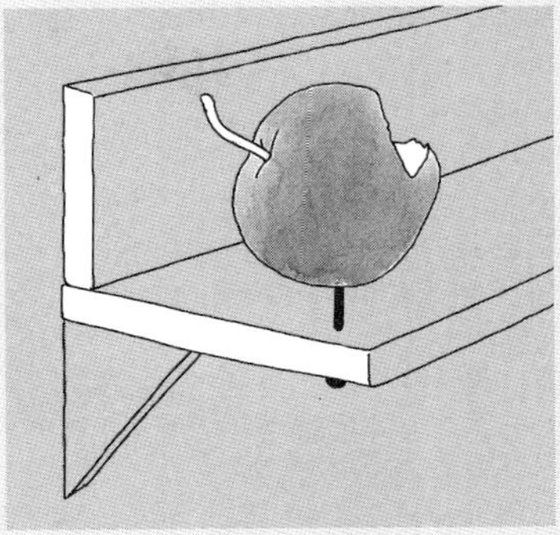
4 | *Äpfel und Möhren auf einen stumpfen Nagel spießen.*

Zeichnung 4
Harte Früchte wie Apfel, Birne oder Möhre können Sittiche nur essen, wenn größere Stücke davon fest auf einem stumpfen Nagel im Futterbrett gespießt werden und sie so daran nagen können.

Zeichnung 5
Kräuter, Wildpflanzen und Getreideähren bündeln und an einem Ast aufhängen. Sie können auch mit einer Klammer oder mit naturfarbenen Baststreifen am Volierengitter befestigt werden.

Weiches Frischfutter
Für große Sittiche, wie Berg-, Schild- und Barnardsittich, weiches Obst und Gemüse, zum Beispiel Bananen und Auberginen, in 3 bis 4 cm große Stückchen schneiden und in einer möglichst breiten, flachen Schale, zum Beispiel einem Steingutuntersetzer, anbieten. Für kleinere Arten wie Wellen- oder Bourkesittich alles etwas kleiner würfeln.
Mein Tip: Verlieren Sie nicht den Mut, wenn Ihre Sittiche die Frischkost nur zaghaft probieren. Gestalten Sie das Angebot abwechslungsreich, Sittiche sind neugierig. Zum Beispiel können Sie eine halbierte und ausgeputzte Paprikaschote an bevorzugte Sitzäste an einer kurzen Schnur so aufhängen, daß die Vögel sie leicht erreichen (→ Zeichnung 5). Zuerst wird aus purer Neugier daran geknabbert,

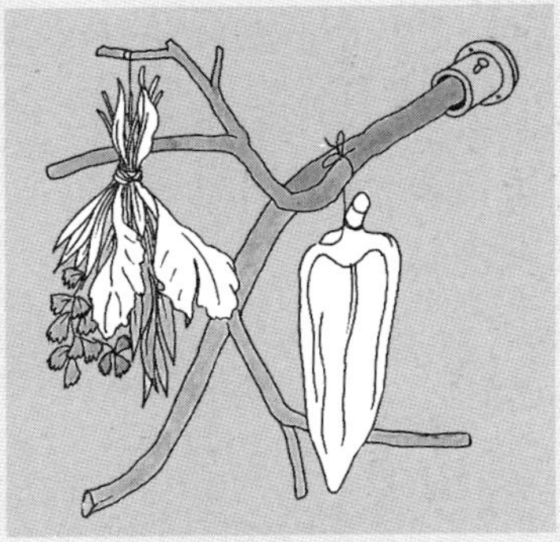
5 | *An einem Futterast picken Sittiche mit Begeisterung.*

dann kommt ein Vogel auf den Geschmack, und im Nu wird die Paprikaschote zum Leckerbissen.

Keimprobe

Sämereien dürfen nicht überlagert sein, denn während des Lagerns werden Vital- und Nährstoffe abgebaut. Den Nährwert der Samen sollten Sie grundsätzlich anhand der Keimprobe prüfen, bevor Sie die Samen verfüttern:

- 1 Teelöffel Samenkörner in eine Glasschale geben und mit 2 cm Wasser bedecken. Schale zudecken, aber so, daß noch Luft eindringen kann.
- Samen 24 Stunden quellen lassen, dann in einem Sieb lauwarm abbrausen, abtropfen lassen.
- Samenkörner wieder in die Glasschale füllen und locker zugedeckt an einem hellen Platz bei Raumtemperatur 48 Stunden keimen lassen. Keimen etwa 60 % der Samen, ist die Nahrung einwandfrei.

Anzeichen des Verderbs

- Fäulnis: Faule Körner riechen muffig, gesunde Körner sind geruchlos.
- Ranzige Saaten: Am Geschmack zu erkennen (probieren).
- Schimmel: Körner haben einen weißlichen Belag. Sehr genau prüfen! Schimmel führt zu tödlichen Krankheiten (→ Aspergillose, Seite 82).
- Ungeziefer: Körner sind zusammengeklumpt, dazwischen spinnwebenfeine Fäden.
- Giftiges Mutterkorn: Alle Getreidekörner auf das Mutterkorn (→ Lexikon, Seite 86) hin absuchen. Mutterkorn hat

Auch die kleinste Pfütze spendet Leben – Blutbauchsittiche in Australien.

eine schwärzliche Farbe und ist deutlich größer.

- Verschmutzte Körner: Unsaubere Samen und Ölsaaten enthalten Krankheitserreger. Beschädigte Körner sind von minderer Qualität.

Richtig aufbewahren: Alle Sämereien dunkel, luftig, trocken und unerreichbar für Schädlinge und Nager lagern. Am besten eignen sich hierfür Leinensäckchen oder eine Futterkiste aus Holz.

Wildpflanzen zum Sammeln

Samen, Blüten und Blätter sind hochwertige Frischkost und bieten gleichzeitig Beschäftigung.

Grassamen: Von Einjährigem Rispengras (*Poa annua*), Wiesenrispengras (*Poa pratensis*), Waldrispengras (*Poa chaixii*), Englischem Raygras (*Lolium perenne*), Wolligem Honiggras (*Holcus lanatus*).

Blüten und Samen: Von Vogelmiere (*Stellaria media*), Sauerampfer (*Rumex acetosa*), Hirtentäschelkraut (*Capsella bursa-pastoris*), Löwenzahn (*Taraxacum officinale*) nach der Blüte, wenn gerade die Spitzen der Samenträger zu sehen sind.

Hirse- und Knötericharten: Hühnerhirse (*Panicum crus-galli*), Blut-Fingerhirse (*Panicum sanguinale*), Grüne Borstenhirse (*Setaria viridis*), Rispenhirse (*Panicum milaceum*), Gänsedistel (*Sonchus aleraceus*), Vogelknöterich (*Polygonum aviculare*), Flohknöterich (*Polygonum persicaria*).

Beeren und Fruchtstände: Von Wegwarte (*Cichorium intybus*), Ebereschenbeeren, Beeren vom Feuerdorn, Hagebutten.

Achtung: Sammeln Sie nur die Wildpflanzen, die Sie kennen, oder nehmen Sie entsprechende Fachliteratur zu Hilfe (→ Bücher, die weiterhelfen, Seite 95). Wildpflanzen nicht an Straßen- und Feldrändern sammeln. Sie sind von Auspuffgasen, Düngemitteln und Pestiziden vergiftet. Alle Wildpflanzen vor dem Verfüttern mit lauwarmem Wasser abbrausen und trockenschwenken.

Mein Tip: Beeren, Fruchtstände und Samen von Wildpflanzen portionsweise einfrieren für die Wintermonate. Vogelmiere und andere Kräuter ganzjährig in Kistchen oder Blumentöpfen ziehen.

Obst und Gemüse

Täglich frisches Obst und Gemüse ist für Ihre Sittiche ebenso unerläßlich wie die Grundnahrung.

Rohes Gemüse: Auberginen, Chicorée, grüne Erbsen und Erbsenschoten, Stücke von Maiskolben oder ausgelöste Maiskörner in halbreifem Zustand, Mangold, Spinatblätter, kleingerissene Blätter von Eissalat, Chinakohlsalat, Feldsalat, Endiviensalat, Möhren, Zucchini, milde Zwiebeln, Tomaten, Staudensellerie, Fenchelknollen, Paprikaschoten, Brunnenkresse.

Unverträglich sind: Alle Kohlarten, rohe und grüne Kartoffeln, gespritzter Blattsalat, Avocados.

Obst: Ananas, Aprikose, geschälter Apfel, Banane (mit Schale in 4 cm dicke Scheiben geschnitten), geschälte Birne, Brombeeren, Erdbeeren, Himbeeren, Johannisbeeren, Sanddornbeeren, Weintrauben, frische Datteln und Feigen, Kirschen, geschälte Kiwi, geschälte Kaktusfeige, geschälte Mango, Mandarine, Orange, Melone, Pfirsich, Papaya, Kaki, Sharonfrucht.

Unverträglich sind: Grapefruit, Zitrone, Pflaumen, Rhabarber, jegliches Dörrobst, da geschwefelt.

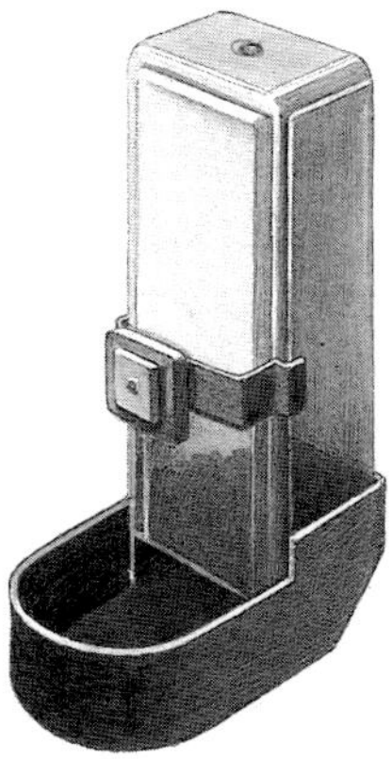

Im Wasserspender bleibt das Trinkwasser sauber, weil in die kleine Trinkschale kaum Schmutz gelangen kann. Beim Kauf auf die Halterung für waagerechte Gitterstäbe achten.

Auch wenn Sittiche von Natur aus wenig trinken, sie brauchen ihre tägliche Trinkration. Stellen Sie ihnen dafür jeden Tag frisches, sauberes Wasser bereit. Noch besser ist kohlensäurefreies Mineralwasser.

Vitalstoffe

Bei abwechslungsreicher Ernährung mit viel Frischkost werden Ihre Sittiche kaum an einem Vitalstoff-Mangel leiden. Doch steigt der Bedarf während der Mauser, der Lege- und Brutzeit, der Jungenaufzucht, bei Umgebungswechsel, Partnerverlust oder fehlendem Sonnenschein. Während dieser Zeiten brauchen Ihre Sittiche zusätzlich ein Multivitaminpräparat, das die Vitamine A, B, C und E enthält. Sie können es in Pulverform über die Frischkost streuen oder unter die Eiweißnahrung (→ rechts) mischen. Außerdem stets Schnabelwetzsteine zur Verfügung stellen. Sie dienen nicht nur der Schnabelpflege, sondern enthalten auch Vitalstoffe. Achten Sie auf folgenden Packungshinweis: »Kalkstein enthält alle Stoffe zum Aufbau des Knochengerüstes und zur Bildung der Federn«. Vogelsand enthält ebenfalls wichtige Mineralien. Ist der Volierenboden mit Erde bedeckt, Vogelsand in einem Napf bereitstellen. Ebenso immer ein Kalkpräparat anbieten, das Soda, Phosphor, Mangan, Magnesium, Jod, Eisen, Kupfer, Kobalt und Pottasche enthält.
Alle genannten Präparate können Sie im Zoofachhandel kaufen.

Viele Sittiche halten Hirse oder Stücke von Obst mit dem Fuß fest, um davon zu essen. (Zeichnung: Nymphensittich).

Wichtig: Bei allen Vitaminpräparaten auf das Haltbarkeitsdatum achten.
Mein Tip: Zusätzlich zu Schnabelwetzsteinen kann man noch etwa 20 x 15 cm große Ytongsteine (Baustoffhandel) an einem Draht aufhängen. Manche Sittiche graben eifrig mit dem Schnabel richtige Löcher in die Steine.

Eiweißnahrung

Vor allem während der Brut- und Aufzuchtzeit brauchen Sitticheltern eiweißreiche Nahrung, um gesunden und kräftigen Nachwuchs großziehen zu können. Geben Sie Ihren Sittichen schon etwa zwei Monate vor der Brutsaison Eiweißnahrung, damit sie sich daran gewöhnen können. Gesund und bekömmlich ist es für alle Vögel, wenn sie ein- bis zweimal wöchentlich etwa 1 Eßlöffel davon bekommen. Fertige Eiweißnahrung können Sie im Zoofachhandel kaufen. Bewährt hat sich eine Mischung aus »Witte Molen« und »CeDe-Mix« im Verhältnis 2 : 1.
Eiweißnahrung kann man aber auch leicht selbst machen.
So wird's gemacht: Hartgekochtes Eigelb fein hacken. Altbackenes Weißbrot – garantiert ohne Schimmelbelag – in Wasser einweichen, gut ausdrücken und im Verhältnis 1 : 1 mit dem Eigelb mischen. Oder das Eigelb mit wenig Magerquark und mehlfein zerdrücktem Zwieback im Verhältnis 2 : 1 : 1 mischen (ist der Brei zu dickflüssig, ihn mit etwas Karottensaft aus dem Reformhaus verdünnen).
Besonders während der Aufzuchtzeit gekaufte und selbstgemachte Eiweißnahrung regelmäßig durch Obst, Wildpflanzen und gekeimte Körner (→ Praxis-Seite 38) ergänzen. Nur so können die Vogeleltern den Jungen vollwertige Nahrung weitergeben.

Die richtige Menge: Für große Sittiche während der Aufzuchtzeit pro Vogel täglich etwa 1 Eßlöffel rechnen; für kleine Sittiche etwa 1 Teelöffel.
Hinweis: Eiweißnahrung verdirbt schnell, deshalb Reste nach etwa zwei Stunden entfernen.

Trinkwasser

Sittiche brauchen täglich frisches und sauberes Trinkwasser. In der Freivoliere Trinkbehälter im überdachten Teil aufstellen. Trinkwasser-Automaten haben den Vorteil, daß das Wasser nicht so leicht verschmutzt. Die Trinknäpfe grundsätzlich nicht neben der Nahrung aufstellen, da die Vögel auch im Trinknapf zu baden versuchen und die Körner dabei feucht würden.
Die ideale Trinkwasserversorgung für den Sommer wäre fließendes Wasser aus einer Miniaturfontäne, zum Beispiel einem Zimmerspringbrunnen. Die Vögel hätten ständig frisches Wasser zum Trinken und könnten in einem flachen Sammelbecken baden.

Wichtige Fütterungsregeln

- Jeden Morgen nach den Pflegearbeiten den Sittichen frische Nahrung reichen (Sämereien, Frischkost, Trink- und Badewasser).
- Frischkost gegen Mittag entfernen, weil sie schnell verdirbt.
- Die Futtermenge richtet sich nach Größe und Anzahl der Sittiche.

Faustregel: Für Sittiche bis zu 25 cm Körperlänge pro Vogel etwa 2 Eßlöffel Sämereien und $\frac{1}{2}$ Tasse Frischkost rechnen, für größere Sittiche 4 Eßlöffel Sämereien und 1 Tasse Frischkost. Nahrung nicht zu knapp bemessen. Mit der Zeit bekommen Sie heraus, wie hoch der tatsächliche Bedarf ist.
Hinweis: Sämereien, die unberührt im Napf bleiben, müssen nicht weggeworfen werden, wenn sie nicht verschmutzt sind. Leere Hülsen herauslesen und unberührte Körner zusammen mit neuen in einen gereinigten Futternapf schütten.
Mein Tip: Leben Ihre Sittiche in einer Freivoliere mit Schutzhaus, empfehle ich Ihnen, alle Sämereien im Schutzhaus anzubieten, da sie dort nicht feucht werden. Außerdem sind Sämereiabfälle im Schutzhaus leichter zu beseitigen als im Freigehege.
Keimfutter, Obst und Gemüse im Freigehege anbieten.

Wie ihre freilebenden Artgenossen picken Sittiche auch als Heim- und Volierenvögel Körner gern vom Boden auf. (Zeichnung: Glanzsittiche).

Wenn Sittiche krank sind

Gute Pflege, einwandfreie Hygiene und ausgewogene Ernährung sind Maßnahmen, mit denen Sie vielen Krankheiten bei Sittichen vorbeugen können. Überbesetzte Gehege und streitbare Mitbewohner führen zu Streß und lassen die Vögel anfällig werden für Krankheiten.

Trotz perfekter Pflege und liebevoller Zuwendung kann es vorkommen, daß Ihre Sittiche einmal krank werden. Bei Volierenhaltung besteht die Gefahr, daß sich die Vögel gegenseitig anstecken. Deshalb ist es wichtig, mehrmals täglich seine Sittiche eingehend zu beobachten. Wer seine Vögel gut kennt, wird sofort feststellen, wenn sich einer von ihnen anders als gewohnt verhält. Veränderter Kot, mißgebildete Federn oder unberührte Eßnäpfe lassen ebenso eine gesundheitliche Störung vermuten.
Hinweis: Leben Ihre Sittiche in einer Freivoliere, rate ich Ihnen, einmal im Jahr eine Kotprobe untersuchen zu lassen und den Vögeln in Absprache mit dem Tierarzt im Frühjahr und im Herbst vorbeugend eine Kur gegen Spul- und Haarwürmer zu verabreichen.

Streßsituationen
Streß macht Sittiche anfälliger für Erkrankungen. Viele Streßsituationen lassen sich jedoch vermeiden oder erleichtern. Zum Beispiel sind negative Bedingungen wie unausgewogene oder minderwertige Nahrung und überbesetzte Gehege vermeidbar. Brut und Jungenaufzucht sind für die Vögel ein natürlicher Streß, den Sie ihnen aber immerhin erleichtern können. Am besten isolieren Sie die Brutpaare in einem ausreichend großen und störungsfreien Vorlierenabteil. Wenn es zwischen selbständigen Jungvögeln und ihren Eltern zu Konkurrenzkämpfen kommt, wird es Zeit, daß die Jungvögel eine eigene Behausung erhalten.

Wodurch ein kranker Sittich auffällt
Unpäßliche oder kranke Sittiche verhalten sich meist teilnahmslos, sitzen stundenlang mit leicht aufgeplustertem Gefieder auf einem Platz, den Schnabel ins Rückengefieder gesteckt, und ruhen dabei oft auf beiden Beinen. Diese Apathie wird von Appetitlosigkeit und Schläfrigkeit begleitet, manchmal läßt der Vogel auch die Flügel oder den Schwanz hängen und sitzt nicht aufrecht sondern eher waagerecht auf dem Ast. Verhält sich ein Sittich so, legen Sie am besten ein Blatt Papier unter seinen Ruheplatz, damit Sie die Beschaffenheit des Kots feststellen und notfalls untersuchen lassen können. Außerdem sollten Sie den Sittich in einen Krankenkäfig (→ Erste Maßnahmen, Seite 46) setzen, um bei einer eventuellen Infektionskrankheit seine Mitbewohner zu schützen.

Weitere Anzeichen für eine Erkrankung:
- Andauernd wäßriger Kot, hellgrün oder grau, schäumender oder mit Blut vermengter Kot (Kotprobe sicherstellen und vom Tierarzt untersuchen lassen).
- Austretendes Nasensekret.
- Schleimige Substanzen aus dem Rachenraum oder aus der Kloake.
- Angestrengtes Atmen, eventuell mit Geräuschen verbunden.
- Wippender Schwanz beim Atmen.
- Anfallartiges Zittern, Krämpfe oder gar Lähmungen.
- Blutungen aus einer Wunde oder aus dem After.

Gesunde Fußgymnastik bekommen Sittiche durch unterschiedlich dicke Naturäste.

Der Kleine Alexandersittich besitzt von allen Papageien das größte Verbreitungsgebiet. Er ist gleich auf zwei Kontinenten zuhause: Afrika und Indien. In Afrika ist die Unterart *P. k. krameri* (Afrikanischer Halsbandsittich) weit verbreitet. In Indien ist die Unterart *P. k. manillensis* (Indischer Halsbandsittich) sogar der am häufigsten vorkommende Papagei.

• Andauernd gesträubtes Gefieder (unmittelbar nach dem Fliegen ist das Gefieder immer kurze Zeit gesträubt).
• Beständiges Nesteln am Gefieder.
• Übermäßiges Wachstum des Schnabelhorns und der Krallen.
Wichtig: Alle diese Symptome sind ernstzunehmen. Der Vogel muß innerhalb kürzester Zeit einem Tierarzt vorgestellt werden.

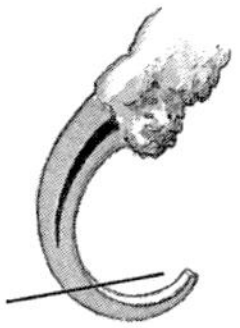

So schneidet man zu lange Krallen richtig: Die schwach durchscheinenden Blutgefäße im Krallenhorn dürfen dabei nicht verletzt werden! Halten Sie die Krallen vor eine Lampe, damit Sie die Blutgefäße besser sehen. Schneiden Sie das Krallenende nicht stumpf, sondern spitz ab.

Erste Maßnahmen
Der vorsorglich isolierte Sittich braucht Ruhe und gleichmäßige Wärme. Am besten eignet sich hierfür eine wärmeregulierbare Krankenbox, die es im Zoofachhandel gibt. Sie können aber auch vor einen gewöhnlichen Käfig in etwa 30 cm Entfernung einen Infrarot-Dunkelstrahler so aufstellen, daß der Vogel sowohl im Wärmebereich als auch außerhalb davon sitzen kann. Da bei manchen Erkrankungen feuchte Luft Linderung bringt, stellen Sie sicherheitshalber zwischen Strahler und Käfig eine Schale mit heißem Wasser, um die Luftfeuchtigkeit zu erhöhen. Ist der Vogel nicht ernsthaft krank, so hilft oft schon diese Wärmebehandlung. Der Strahler darf 48 Stunden und länger eingeschaltet bleiben. Die Temperatur im Käfigbereich sollte 29 bis 30 °C betragen. Bevor Sie nach sichtbar besserem Befinden des Sittichs den Strahler ausschalten, vergrößern Sie den Abstand zwischen dem Strahler und dem Käfig allmählich, damit die Temperatur nur langsam sinkt. Das dauert mehrere Stunden! Ein zu plötzlicher Temperaturabfall könnte eine Erkältung hervorrufen oder einen Rückfall bewirken. Stellt sich nach 1 Tag noch keine Besserung ein, sollten Sie einen Tierarzt aufsuchen.
Achtung: Bei Krämpfen ist die Wärmebehandlung eher schädlich. In diesem Fall sofort den Tierarzt aufsuchen.

Der Gang zum Tierarzt
Nicht alle Tierärzte sind auch mit den Erkrankungen von Papageien und Sittichen vertraut. Adressen von Tierärzten mit einschlägigen Erfahrungen sind über die Landestierärztekammern zu erfahren.
Außerdem verfügen einige Universitäten über Institute für Geflügelkrankheiten, die meist auch Papageienspezialisten beschäftigen (→ Adressen, die weiterhelfen, Seite 95).
Der kranke Sittich muß vor Hitze, Kälte und Nässe geschützt auf dem kürzesten Weg zum Tierarzt transportiert werden. Wer kein Auto hat, kann ein Tier-Taxi nehmen, das es in vielen Städten gibt.
Mein Tip: Adresse von fachkundigem Tierarzt rechtzeitig ausfindig machen, damit im Krankheitsfall keine wertvolle Zeit verlorengeht.

Nicht vergessen:
• Kotprobe zum Tierarzt mitnehmen.
• Sich vom Tierarzt jede notwendige Behandlung genau erklären und zeigen lassen.
• Verschriebene Medikamente exakt nach Verordnung des Tierarztes dosieren und Einnahmedauer präzise einhalten. Lassen Sie sich eventuell zeigen, wie Sie dem Vogel das Medikament eingeben sollen.
• In vielen Städten ist auch nachts und feiertags ein Notarzt zu erreichen. Diensthabende Notärzte nennen beispielsweise Mitgliederzeitschriften von Tierschutzvereinen.

Die Papageienkrankheit
Die Papageienkrankheit (*Psittakose*) ist eine Infektionskrankheit, die nicht nur – wie früher angenommen – Papageien, sondern auch Singvögel, Tauben und Hausgeflügel bekommen können. Folgende Symptome treten einzeln oder zusammen auf: Apathie, Schläfrigkeit,

Appetitlosigkeit, wäßriger Kot, Schnupfen, Atemnot, Bindehautentzündung mit schleimigen Absonderungen an den unteren Augenlidern, anfallartiges Zittern.
Fällt ein Vogel durch derartige Symptome auf, muß er umgehend isoliert und mit Wärme behandelt werden (→ Erste Maßnahmen, Seite 46). Wird der Vogel innerhalb von 24 Stunden zum Tierarzt gebracht, besteht durchaus die Chance auf Heilung.
Inzwischen kann man den Kot gesunder Sittiche auf das Vorhandensein des *Psittakose/Ornithose*-Erregers untersuchen lassen. Sittiche können Träger der Krankheit sein, ohne sichtbare Krankheitszeichen und ohne selbst daran zu erkranken.
Die Papageienkrankheit ist auch auf den Menschen übertragbar. Vor allem für ältere und kreislaufschwache Menschen kann sie gefährlich werden. Die Krankheit äußert sich wie eine Grippe oder leichte Lungenentzündung und ist heilbar, wenn sie rechtzeitig erkannt und behandelt wird.
Die Erkrankung an *Psittakose* ist meldepflichtig. Der Tierarzt wird Ihnen gegebenenfalls sagen, was zu tun ist.

Federrupfen
Diese Erscheinung, die nichts mit der jährlichen Mauser (→ Lexikon, Seite 85) zu tun hat, ist noch nicht genügend erforscht, um sie sicher als psychische Störung oder als Mangelerkrankung einstufen zu können. Überwiegend leiden einzeln gehaltene Papageien und Sittiche daran. Sie beginnen oft ganz plötzlich damit, sich die Federn auszurupfen. Zuletzt ist oft nur noch die Kopfregion befiedert. Falls sich Ihr Sittich so verhält, empfehle ich Ihnen, sich von einem Tierarzt beraten zu lassen.
Viele Ornithologen führen das Federrupfen auf seelische Störungen zurück, bedingt durch den Verlust der Bezugsperson oder des Vogelpartners, Umgebungswechsel, Partnermangel bei Eintritt der Geschlechtsreife. Andere Wissenschaftler machen überbelegte Gehege, Bewegungsmangel, Ernährungsfehler, fehlende Bademöglichkeiten oder Parasiten dafür verantwortlich.

Federmißbildungen
Bei älteren, schlecht ernährten oder nicht völlig gesunden Sittichen können nach der Mauser (→ Lexikon, Seite 85) mißgebildete Federn wachsen. Als Ursache kommen Mangelerscheinungen, Hormonstörungen oder Federbalgzysten in Frage. Der Vogel muß von einem Tierarzt untersucht und behandelt werden.

Eine Wärmebehandlung mit einem Infrarot-Dunkelstrahler ist das erste, was Sie für einen kranken Sittich tun können.

Wenn Sittiche brüten wollen

Bei der Sittich-Zucht handelt es sich im allgemeinen um eine Vermehrungszucht, die die jeweilige Art rein und gesund erhalten soll. Eine gezielte Auslese nach Gefiederfarben oder Körperformen findet zum Beispiel beim Züchten von Wellen- und Nymphensittichen statt. Wichtige Informationen zur Zucht finden Sie in der Tabelle auf S. 88.

Wünschen Sie von Ihren Sittichen Nachwuchs, müssen Sie einige Vorbereitungen treffen. Zunächst brauchen Sie eine Zuchtgenehmigung. Halten Sie verschiedene Sittich-Arten, müssen Sie jedem Brutpaar ein eigenes Abteil in der Freivoliere und im Schutzhaus bzw. getrennte Zimmervolieren zur Verfügung stellen, da viele Sitticheltern während der Brut aggressiv werden. In einer Gemeinschaftsvoliere, wo besonders friedliche Sittich-Arten zusammenleben, benötigen Sie keine getrennten Abteile. Wie Sie verschieden geschlechtliche Sittiche aneinander gewöhnen können, habe ich Ihnen auf Seite 29 beschrieben.

Zuchtgenehmigung

Die Zucht von Sittichen ist grundsätzlich erlaubt. Allerdings kann die Naturschutzbehörde die Zuchterlaubnis von dem Nachweis abhängig machen, daß der Züchter über ausreichende Kenntnis und eine artgerechte Unterbringung verfügt. Ein Antrag »Zur Zucht und dem Handel mit Sittichen und Papageien« wird beim Veterinäramt der Stadt oder des Kreises gestellt. Daraufhin erfolgt ein Besuch des Amtstierarztes, der sich u. a. vom Gesundheitszustand der Vögel und ihrer artgerechten und nach tiermedizinischen Aspekten einwandfreien Unterbringung überzeugt. Gegen Vorlage der Zuchtgenehmigung erhalten Sie bei den gesetzlich zugelassenen Vereinen, z. B. Zentralverband Zoologischer Fachbetriebe oder AZ (> Adressen, Seite 95), das amtliche Nachweisbuch das Sie führen müssen und die gesetzlich vorgeschriebenen Fußringe für junge Sittiche.

Sachkundenachweis: Auf Verlangen der Naturschutzbehörde hat der Tierhalter den Sachkundenachweis zu erbringen: Kenntnisse über die Haltung und Pflege der Vögel, Gewähr für ausreichende tierschutzrechtliche Einrichtungen sowie seine persönliche Zuverlässigkeit.
Hinweis: In Österreich und in der Schweiz gelten andere Zuchtbestimmungen (> Adressen Seite 95).

Einzug in den Nistkasten

Bieten Sie jedem Sittich-Pärchen, mit dem Sie züchten wollen, zunächst zwei verschiedene Nistkästen (> Praxis-Seite 54) zur Auswahl an. Leben Ihre Sittiche in einer Freivoliere, ist der beste Zeitpunkt zum Brüten das Frühjahr. Sind die Sittiche in einer Zimmervoliere untergebracht, können Sie ihnen in jeder Jahreszeit Nistkästen anbieten.
Das Weibchen wird zunächst die Nistkästen inspizieren und sich dabei für einen von beiden entscheiden, indem es sich in ihm länger aufhält. Den anderen Nistkasten können Sie dann entfernen. Immer häufiger können Sie jetzt das Männchen in auffälligem Imponiergehabe vor dem Weibchen beobachten. Nicht lange danach beginnt es mit der Balz und eines Tages kommt es zur Paarung (> Seite 58).
Sobald die Sittiche brüten, sollten Sie die Voliere nur noch morgens zum Füttern und Reinigen betreten, denn in den ersten Tagen der Brut ist das Weibchen sehr anfällig für Störungen und könnte das Gehege für immer verlassen.

Die Temperatur im Brutraum (Zimmer oder Schutzhaus) sollte zwischen 13 und 18 °C betragen (→ Lexikon, Seite 82).
Hinweis: Möchten Sie, daß Ihre Sittiche jedes Jahr brüten, bieten Sie ihnen den gleichen Nistkasten wie im Vorjahr an derselben Stelle an.

Eiablage und Brüten

Die meisten Sittichweibchen legen jeden zweiten Tag ein Ei und beginnen, nachdem sie das zweite Ei gelegt haben, mit dem Brüten. Es dauert ungefähr 20 Tage, bis die Jungen schlüpfen (→ Tabelle, Seite 88).
Achtung: Sitzt das Weibchen kurz vor dem Legen mit gesträubtem Gefieder am Boden, kann es an Legenot leiden. Sie müssen es dann sehr behutsam mit dem Fangnetz (Kescher) einfangen und in eine Krankenbox setzen, in der eine Temperatur von etwa 30 °C herrschen sollte. Notfalls können Sie es auch in einen Käfig setzen und mit Infrarotlicht bestrahlen (→ Erste Maßnahmen, Seite 46). Die Umgebungstemperatur des Käfigs sollte dann etwa 33 °C betragen. Durch die Wärmebehandlung löst sich meist die Verkrampfung, und das Ei kann gelegt werden. Wird das Ei innerhalb eines halben oder ganzen Tages nicht gelegt, muß der Vogel bei möglichst gleicher Temperatur zum Tierarzt gebracht werden. Besser wäre es, wenn der Tierarzt in diesem Fall zu Ihnen kommt, da für das Weibchen Lebensgefahr besteht.
Das Brüten: Während der Brut sitzt das Weibchen die meiste Zeit auf dem Gelege und wird vom Männchen gefüttert (→ Zeichnung, Seite 63). Bei manchen Arten füttert das Männchen sein Weibchen durch das Einschlupfloch, bei anderen fliegt das Weibchen zum Männchen und übernimmt von ihm außerhalb des Nistkastens die Nahrung.

Schönsittich-Pärchen

Bezähmen Sie Ihre Neugierde und schauen Sie in den ersten vier Tagen der Brut nicht in den Nistkasten, um das Weibchen nicht zu stören.
Ob alle Eier befruchtet sind, können Sie ab dem 5. oder 6. Bruttag prüfen (→ Zeichnung, Seite 50). Unbefruchtete Eier sollten Sie jedoch nicht entfernen. Das Weibchen wäre nur verwirrt und könnte das Gelege aufgeben.
Hinweis: Verschmutzte Eier nicht abwischen, das könnte den Embryos schaden.

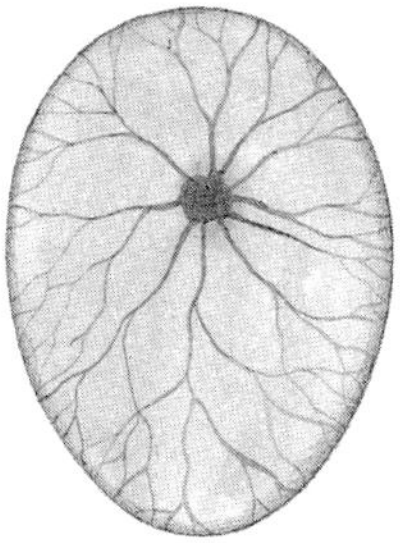

Ab dem 5. oder 6. Tag nach dem Legen können Sie prüfen, ob die Eier befruchtet sind: Halten Sie die Eier gegen das Licht einer starken Taschenlampe. Bei befruchteten Eiern ist ein Brutkern zu sehen, von dem sich zarte Äderchen verzweigen. Unbefruchtete Eier sind heller und durchsichtig.

Wenn die Jungen schlüpfen

Je näher der Termin des Schlüpfens rückt, desto wichtiger ist es, daß die Luftfeuchtigkeit im Nistkasten etwa 80 % beträgt (→ Praxis-Seite 54). Der Schlüpfvorgang bedeutet für das Junge Schwerstarbeit und kann nur gelingen, wenn es nicht mit der feinen Haut im Innern des Eis verklebt. Das passiert leicht, wenn diese Haut zu trocken ist. Durch die Luftfeuchtigkeit wird das Austrocknen verhindert. Manche Weibchen benetzen zudem kurz vor dem Schlüpfen ihr Gefieder mit Wasser und brüten mit feuchtem Gefieder weiter.

Der Schlüpfvorgang

Die Jungen schlüpfen in der Reihenfolge der Eiablage. Hat ein Junges ein bestimmtes Entwicklungsstadium erreicht, schlüpft es aus dem Ei. Dazu pickt es mit dem Eizahn (→ Lexikon, Seite 83) gegen die Eischale. Dann dreht es sich ein paar Millimeter und pickt erneut gegen die Schale und zieht so eine Spalte in die dünne Eiwand. Durch wiederholte Streckbewegungen sprengt es schließlich eine Kappe der Schale ab. Dann strampelt es so lange, bis es sich ganz befreit hat. Die Eischalenstückchen zerknabbert das Weibchen, um seinen Kalkbedarf zu decken. Je nach Sittich-Art ist ein frisch geschlüpftes Junges so gut wie nackt, manche besitzen ein paar Daunenfederchen. Das Weibchen muß das Junge beständig hudern (→ Lexikon, Seite 85), um es zu wärmen.

Hinweis: Sobald die Jungen geschlüpft sind, müssen die Mengen an Eiweißnahrung (→ Seite 42) für die Elternpaare größer weden. Sie bekommen auch weiterhin Sämereien, allerdings ohne Hafer und Hanf, da diese Körner die Männchen zu früh wieder in Balzstimmung bringen könnten.

Die Entwicklung der Nestlinge

Die Entwicklungsphasen der Nestlinge sind je nach Art unterschiedlich lang. Nestlinge von größeren Sittich-Arten entwickeln sich etwas langsamer als die von kleineren. Es dauert 4 bis 5 Wochen, ehe die Jungvögel selbständig sind.

- In den ersten Lebenstagen werden die Jungen nur von der Mutter gefüttert, die für jeden Nestling die seinem Alter entsprechende bekömmlichste Mischung im Kropf aufwürgt.
- Zwischen dem 5. und 7. Tag fällt der Eizahn des Jungen ab, die Augen beginnen sich allmählich zu öffnen und die ersten Blutkiele des Gefieders sprießen.
- Schon 7 bis 10 Tage nach dem Schlüpfen hält sich das Weibchen länger außerhalb des Nistkastens auf.
- Etwa ab dem 10. Tag können die Nestlinge verschiedene stimmliche Äußerungen von sich geben, manche zischen bei Gefahr.
- Nach etwa 14 Tagen sind die Augen völlig offen, die ersten Daunen werden durch neue ersetzt und das Großgefieder beginnt zu wachsen.
- Nach etwa 16 Tagen können die Nestlinge ein wenig trippeln.
- Bei vielen Arten beteiligt sich jetzt auch das Männchen am Füttern der Jungen.
- Nach 4 bis 5 Wochen fliegen die Jungvögel in der Reihenfolge des Schlüpfens aus dem Nistkasten.
- Einige Tage danach beginnen sie selbst Nahrung aufzunehmen, wofür ihnen weiches Aufzuchtfutter (→ Seite 51) und geschrotete Sämereien zur Verfügung stehen sollten. Zusätzlich werden sie noch vom Vater gefüttert.
- Erst etwa 3 Wochen nach dem Ausfliegen sind die Jungvögel »futterfest« und können selbständig Sämereien enthülsen.

Wichtig: Zwischen dem 6. und 10. Lebenstag müssen die Nestlinge den Fußring übergestreift bekommen (→ Praxis-Seite 55).

Die tägliche Nestkontrolle
Nachdem die ersten Jungen geschlüpft sind, sollten Sie das Nest täglich kontrollieren. Am besten zu einem Zeitpunkt, zu dem das Weibchen den Nistkasten verlassen hat.

- Achten Sie in den ersten Tagen darauf, ob eines der Jungen gestorben ist. Ein toter Nestling muß sofort entfernt werden, seine rasche Verwesung gefährdet die Nestgeschwister.
- Hat sich im Nest viel Kot angesammelt, nehmen Sie die Jungen heraus und setzen Sie sie in eine Schale, die mit weichem, leicht angewärmtem Küchenpapier oder einem Frotteehandtuch ausgelegt ist. Erneuern Sie rasch das Nistmaterial und setzen Sie die Kleinen zurück ins Nest.
- Man kann davon ausgehen, daß das Weibchen die Nestlinge in den ersten Tagen ausreichend füttert. Später sollten Sie durch vorsichtiges Abtasten prüfen, ob die Kröpfe der Nestlinge gefüllt sind und ob sie sich gut entwickeln.

Hinweis: Schreitet das Wachstum der Nestlinge nicht kontinuierlich fort, sind ihre Kröpfe oft nur wenig gefüllt und nehmen ihre Bettellaute zu, so sind das Anzeichen dafür, daß sie nicht ausreichend gefüttert werden. Dann sollten Sie den Nestlingen drei- bis viermal am Tag zusätzlich Nahrung geben und gut beobachten, ob die Eltern weiterhin füttern. Wenn nicht, müssen Sie die Aufzucht selbst übernehmen.

Künstliche Aufzucht
Wenn Sie die Aufzucht der Nestlinge übernehmen, bauen Sie ihnen zuerst ein Ersatznest. Am besten eignet sich eine mit weichem Küchenpapier ausgelegte Kunststoffschale, in die Sie die Jungen setzen. Die Schale wird mit einem Tuch bedeckt und an einen warmen Platz (etwa 37 °C), zum Beispiel in die Nähe einer Heizung, gestellt. Füttern Sie nur zusätzlich etwas nach, genügt es, wenn Sie die Jungen zum Füttern auf ein angewärmtes Frotteehandtuch setzen und danach wieder in den Nistkasten zurückbringen.

Das Aufzuchtfutter
Das Futter für die künstliche Aufzucht sollten Sie zweimal täglich frisch zubereiten und im Kühlschrank aufbewahren. Es gibt Fertigmischungen (Zoofachhandel). Bei erfahrenen Züchtern hat sich auch folgendes Rezept bewährt:

- 50 % Milupa 7-Korn (Drogerie)
- 50 % geschrotetes Sechskorngemisch (Reformhaus)
- 1 Messerspitze »Osspulvit« (Zoofachhandel)

Bei der Begattung legt das Männchen oft beide Flügel um das Weibchen. In der Erregung verkleinern sich die Pupillen und sind als Pünktchen in der hellen Iris zu sehen. (Zeichnung: Wellensittiche).

Wellensittich-Weibchen in einer Bruthöhle. In den ersten Lebenstagen liegen die Nestling

- 2 bis 3 Tropfen Multivitaminpräparat (Zoofachhandel).

Fütterungszeiten: Bis zum 8. Lebenstag alle 2 Stunden, ab dem 8. Tag alle 3 Stunden Tag und Nacht füttern. Ab dem 14. Tag alle 4 Stunden von 6 Uhr bis 23 Uhr.

Die richtige Menge: Ob Sie den Nestling genügend gefüttert haben, können Sie durch Abtasten des Kropfes erkennen. Der Kropf sollte gefüllt, aber nicht prall voll sein.

Faustregel: Bei 2-stündigem Rhythmus jedem Nestling 1 Eßlöffel geben, bei 3-stündigen Rhythmus 2 Eßlöffel, bei 4-stündigem so viel geben, wie das Junge annimmt.

Wie man füttert: Das Aufzuchtfutter vor dem Füttern auf Körpertemperatur erwärmen, am besten in einem Flaschenwärmer für Babies. Mit einem kleinen Löffel wird es in den Schnabel des Nestlings geträufelt. Bei frisch geschlüpften Nestlingen besser eine Futterspritze (Zoofachhandel) verwenden. Auf die Spritze einen unbenützten Fahrrad-Ventilschlauch stülpen, damit sich die Jungen beim Essen nicht verletzen. Nach dem Füttern müssen die Nestlinge sorgfältig mit weichem Papier von Essensresten gereinigt werden. Das gebrauchte Geschirr heiß abspülen.

Hinweis: Einmal täglich die Jungen wiegen, das Gewicht notieren und mit dem Vortag vergleichen. Nimmt ein Junges nicht zu, bekommt es zu wenig Nahrung; Ration dann erhöhen.

Mein Tip: Für den Anfänger ist es nicht einfach, die Nestlinge zu füttern. Lassen Sie sich von einem erfahrenen Züchter zeigen, wie es geht.

›im Füttern auf dem Rücken.

Bald strecken sie sich der Mutter entgegen.

Flughilfen für Jungvögel

Kommen die Jungvögel schon zum Schlupfloch, um sich füttern zu lassen, ist der Zeitpunkt des Ausfliegens nicht mehr fern. Sie sind ihrer neuen Umgebung gegenüber jedoch noch scheu und schreckhaft und müssen erst die Begrenzung des Flugraums kennenlernen. Damit sie sich bei ihren ersten Flugversuchen nicht verletzen, sollten Sie folgende Vorkehrungen treffen:

- Volierenwände mit Schilfmatten verkleiden. Sie mildern den Aufprall, und die Jungvögel können sich daran festhalten.
- Zusätzlich einige Zweige und Äste als Landehilfen in der Voliere anbringen.

Hinweise: Ist eines der Jungen gegen eine Wand geprallt und liegt oder sitzt nun am Boden, lassen Sie es in Ruhe. Ist es nicht ernstlich verletzt, wird es sich erholen und nach einiger Zeit nach oben fliegen oder klettern. Liegt es in der prallen Sonne, von außen einen schattenspendenden Gegenstand anbringen. Den Vogel nicht anfassen, das könnte ihm einen tödlichen Schock versetzen. Nur wenn er sich nicht von selbst erholt, müssen Sie ihn zum Tierarzt bringen.

Familienleben

Die Jungvögel bleiben immer noch einige Wochen bei den Eltern und werden vorwiegend vom Vater gefüttert, bis sie selbständig sind. Dann werden die Eltern oft ungnädig gegen ihren Nachwuchs, weil sie sich ungestört der nächsten Brut widmen wollen. Jagt der Vater seine flügge gewordenen Söhne, müssen die Jungen in ein anderes Gehege.

Wichtig: Nach der zweiten Brut im Jahr Nistkästen entfernen und erst wieder im nächsten Frühjahr anbieten.

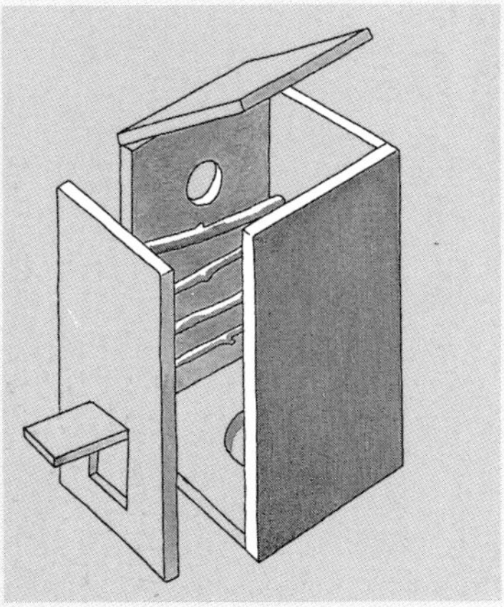

1 | *Hochformatiger Nistkasten mit Kontrollklappe.*

Der Zoofachhandel bietet für Sittiche die unterschiedlichsten Nistkästen an. Sie können sie aber auch selber bauen.

Bei allen Nistkästen beachten

Material: Nur chemisch unbehandeltes, ungehobeltes Naturholz. Keine Spanplatten oder tropisches Holz!

Nistkastengröße und Durchmesser des Einschlupflochs (→ Tabelle, Seite 88).

Die Nistmulde sollte für große Sittiche (über 36 cm Körperlänge) 9 bis 11 cm Durchmesser haben, für mittelgroße (30 bis 35 cm Körperlänge) 6 bis 8 cm und für alle kleineren 5 bis 6 cm.

Nistmaterial: Nistmulde etwa 5 cm hoch mit Nistmaterial ausstreuen (Hamstereinstreu, Katzenstreu aus unbehandelten Holzspänen; keine Sägespäne!).

Anflugast: Er kommt vor das Einschlupfloch (6 bis 8 cm lang).

Luftfeuchtigkeit: Kurz bevor die Küken schlüpfen, sollte die Luftfeuchtigkeit etwa 80 % betragen. Luftbefeuchter verwenden oder Nistkasten mit einem Blumensprüher besprühen.

Nagemöglichkeit: Im Kasten ein oder zwei kleinere Brettchen aus Weichholz anbringen.

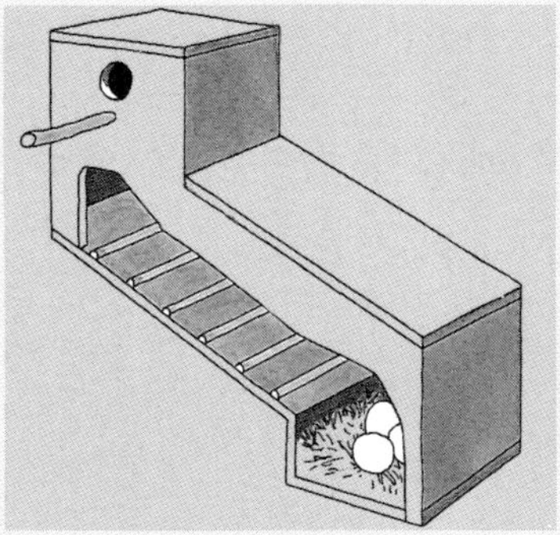

2 | *Ablaufkasten mit schrägem Abstieg zum Gelege.*

3 | *Ein Naturstamm ähnelt einer Baumhöhle am meisten.*

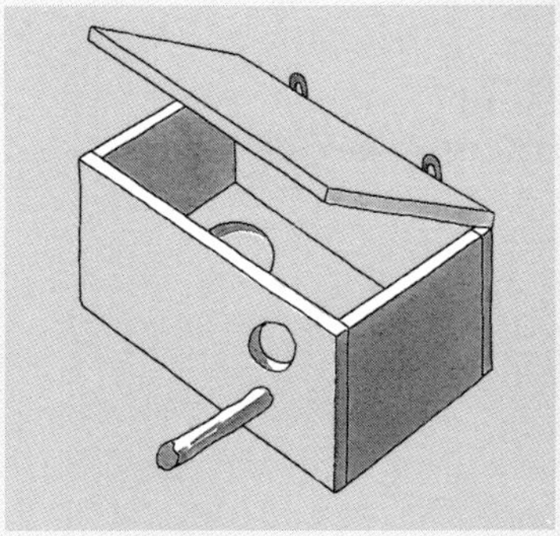

4 | *Ein querformatiger Nistkasten braucht keine Kontrollklappe.*

Der richtige Platz: Den Kasten so hoch aufhängen, daß Sie bequem ins Innere sehen können.

Wichtig: Wenn das Weibchen nicht ausreichend hudert (→ Seite 85), Nistkastenheizung (Zoofachhandel) anbringen.

Nistkastenmodelle

Beim Bau der folgenden Nistkastenmodelle sollten Sie folgendes bedenken:

Hochformatiger Nistkasten
Zeichnung 1
Die Kontrollklappe im unteren Drittel muß von außen zu verriegeln, geöffnet feststellbar und groß genug sein, daß man mit der Hand hineingreifen kann. Innen unterhalb des Einschlupflochs Holzleisten für den Abstieg befestigen.

Ablaufkasten
Zeichnung 2
Er wird von Sittichen gern angenommen, da er den Einstieg in eine tiefe Baumhöhle imitiert. Die Vögel können wegen des schrägen Abstiegs nicht auf das Gelege springen.

Naturstamm
Zeichnung 3
Manche Sittiche brüten nur in Naturstämmen, da sie ihrem angeborenen Instinkt, in Baumhöhlen zu brüten, stärker entsprechen als Holzkästen. Naturstämme sind jedoch schwieriger zu reinigen.

Querformatiger Nistkasten
Zeichnung 4
Die Nistmulde muß sich auf der dem Einschlupfloch gegenüberliegenden Seite befinden, damit das Weibchen beim Einstieg nicht auf das Gelege springt.

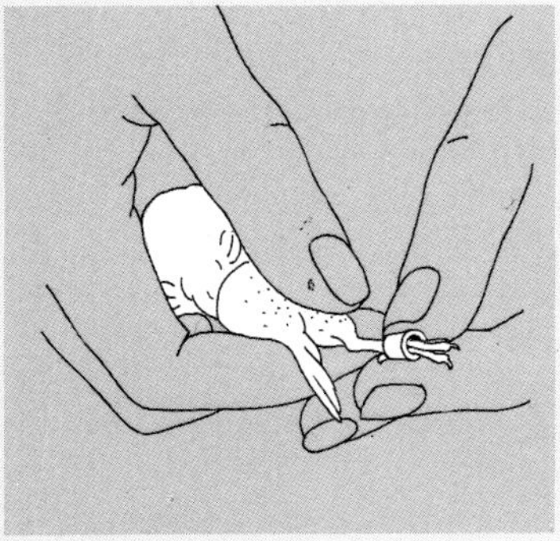

5 | Zum Beringen den Nestling sanft in der hohlen Hand halten.

Der Fußring

Jeder gezüchtete Sittich muß einen Fußring aus Metall mit eingestanzter Nummer erhalten (′ Seite 25). Es gibt offene und geschlossene Fußringe, die je nach Sittich-Art einen gesetzlich vorgeschriebenen Durchmesser haben (′ Tabelle, Seite 88). Geschlossene und offene Ringe erhalten Sie von der AZ und vom Zentralverband Zoologischer Fachbetriebe, (→ Adressen, Seite 95).

Hinweis: Der Fußring darf nur entfernt werden, wenn er dem Vogel Schaden zufügt. Manche Sittiche bleiben mit dem Ring an einem Zweig hängen, zerren daran und verletzen sich dabei schwer den Fuß. Achten Sie deshalb täglich auf den Ringfuß Ihrer Vögel, um krankhafte Veränderungen sofort zu bemerken. Wenn nötig, den Ring vom Tierarzt entfernen und die Maßnahme schriftlich bestätigen lassen. Den Ring als weiteres Dokument gut aufbewahren.

Beringen eines Nestlings

Zwischen dem 6. und 10. Lebenstag müssen die Jungvögel den Fußring übergestreift bekommen. Ich empfehle Ihnen, geschlossene Ringe zu nehmen. Vögel mit geschlossenen Ringen sind leichter zu verkaufen oder zu tauschen (→ Seite 24).

Zeichnung 5
Den Nestling vorsichtig aus dem Nistkasten nehmen und in die hohle Hand legen. Das Füßchen zwischen Daumen und Zeigefinger sanft festhalten.

Zeichnung 6
Den Fußring zunächst über die beiden Vorderzehen und über die längere Hinterzehe streifen. Dann den Ring langsam bis über die kürzere Hinterzehe weiterschieben.

Mein Tip: Beringen Sie zunächst nur einen der Jungvögel aus einer Brut und beobachten Sie, ob die Sittich-Eltern den Fußring akzeptieren. Manche Eltern stört dieser Fremdkörper an ihren Nestlingen und sie versuchen ihn abzumachen. Dabei ist es schon vorgekommen, daß sie das ganze Füßchen des Jungvogels abgebissen haben. Im Notfall müssen Sie den Ring wieder abnehmen und später dem erwachsenen Vogel einen offenen Fußring anlegen.

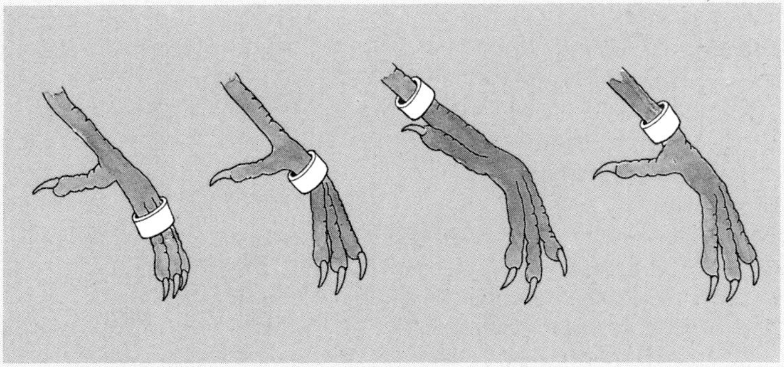

6 | Den Ring über die Vorderzehen und die längere Hinterzehe streifen, dann über die kürzere Hinterzehe weiterschieben.

Sittiche verstehen lernen

Die Paarbindung ist bei den verschiedenen Sittich-Arten unterschiedlich stark ausgeprägt. Während Wellensittiche eine »Dauerehe« führen, dem Partner also lebenslang treu bleiben, schließen sich die asiatischen Edelsittiche nur für die Dauer einer Brutphase mit einem Partner zusammen.

Damit Sie die Gewohnheiten, Eigenarten, auffälligen Verhaltens- und Bewegungsweisen (→ Praxis-Seite 62) Ihrer Sittiche richtig deuten und verstehen können, ist es hilfreich, ihr arttypisches Verhalten in der Natur kennenzulernen. Im folgenden ist hauptsächlich vom Freileben der australischen Sittich-Arten die Rede, da man diese Arten bisher am genauesten beobachtet hat.

Die Jugendzeit

Die Jungvögel bleiben je nach Sittich-Art unterschiedlich lang bei den Eltern. Bei Arten, die mehrmals im Jahr brüten wie Wellen-, Nymphen- und Rosellasittich, wandern die selbständigen Jungvögel bei Beginn der nächsten Brut mit anderen gleichaltrigen Vögeln ab. In Gruppen oder Scharen üben und vervollkommnen sie ihre angeborenen Fähigkeiten, erproben ihre Umwelt und sammeln Erfahrungen im Umgang mit Artgenossen. Bereits nach wenigen Monaten sind sie selbst geschlechtsreif und paaren sich.
Bei Sittich-Arten, die nur einmal im Jahr brüten wie Berg-, Schild- und Blaukappensittich, bleiben die Jungvögel länger bei den Eltern. Sie werden oft erst im zweiten oder dritten Jahr geschlechtsreif.

Die Paarbildung

Was sich für den Sittich-Halter manchmal als schwierig erweist, ergibt sich in der Natur ganz von selbst. In den Scharen der Jungvögel begegnen sich viele junge Männchen und Weibchen. Gemeinsam gehen sie auf Nahrungssuche, ruhen in der Schar während der heißen Mittagsstunden in Büschen und Bäumen und schlafen nachts in enger Nachbarschaft. Fühlt sich ein Männchen zu einem Weibchen hingezogen, nähert es sich vorsichtig und sitzt so nah wie möglich neben der Auserwählten. Wird es geduldet, sucht das Männchen bald Kontakt, indem es vorsichtig mit dem Schnabel auf die Schulter des Weibchens tippt. Wird es nicht abgewiesen, bilden die beiden ein Paar.

Die Paarbindung

Hat sich ein Paar gefunden, geht es zunächst sehr vorsichtig miteinander um. Das Männchen zeigt durch Imponiergehabe seine Größe und Stärke, versucht das Weibchen zu füttern und ihm das Kopfgefieder zu pflegen. Zögernd geht das Weibchen darauf ein, bis ihm die Zweisamkeit angenehm und selbstverständlich ist. Zur Paarbindung gehören auch stimmliche Äußerungen. Was sich für den Menschen wie zartes Zwitschern oder leises Plaudern anhört, ist für den Sittich die differenzierte Äußerung der momentanen Stimmung seines Partners, der er sich meist anschließt. Aus den synchronen Stimmungen ergibt sich auch die häufige Gleichzeitigkeit, mit der die beiden Partner sich strecken, putzen, gähnen, auffliegen oder sich von der Schar zurückziehen.

Leuchtendes Rot und sattes Blau dominieren beim Pennantsittich.

Brutzeiten

In Australien gibt es Sittich-Arten, die feste Brutzeiten im Jahr haben, und solche, die in Abhängigkeit von günstigen Vegetationsphasen brüten. Die Paare der Sittiche mit festen Brutzeiten sondern sich meist von ihrer Schar ab und brüten im Frühling oder Frühsommer – das entspricht dem mitteleuropäischen Klima im Hochsommer. Zu dieser Zeit gibt es ausreichend halbreife Sämereien, die für die Entwicklung der Jungen wichtig sind.

Sittiche, die im trockenen, heißen Zentralaustralien leben, haben keine festen Brutzeiten, da es dort keine bestimmten

Regenzeiten im Jahr gibt. Fällt Regen, beginnen sie sofort mit dem Brüten, da sie den aufkommenden Pflanzenwuchs für die Ernährung ihrer Jungen nützen können. Bleibt die Vegetation günstig, folgt der ersten Brut eine zweite, manchmal sogar eine dritte. Diese Sittiche brüten in Kolonien, manchmal sind in einem Baum zwei bis drei Bruthöhlen. Die Paare stimulieren sich gegenseitig durch Brutvorbereitungen und Balz, die Weibchen kommen dadurch rascher in Brutstimmung.

Brutvorbereitungen

Die Vorbereitungen zur Brut beginnen immer mit der Suche nach einem geeigneten Nistplatz, der je nach Sittich-Art ganz unterschiedlich aussieht. Die meisten Sittich-Arten bevorzugen Baumhöhlen zum Brüten. Viele Sittiche suchen sich Baumhöhlen in großer Höhe, manche Arten brüten dagegen dicht über dem Boden. Einige nisten besonders gern in bis zu 3 m tiefen Baumhöhlen, andere sind mit spärlich überdachten Ersatzhöhlen zufrieden. Manche Sittiche begnügen sich mit einer Nisthöhle in einem am Boden liegenden Stamm, brüten in verlassenen Nestern von Eulen oder Staren. Der Goldschultersittich zum Beispiel brütet ausschließlich in den Bauten einer bestimmten Termitenart.

Meist ist es das Männchen, das eine Nisthöhle aufspürt und sie dem Weibchen zeigt. Das Weibchen schlüpft hinein und prüft das Angebot. Wird es angenommen, macht sich das Weibchen darin zu schaffen, vergrößert mit dem Schnabel nötigenfalls die Nestmulde, das Einschlupfloch und den Innenraum. Der dabei anfallende Holzmulm wird als Nistmaterial benutzt. Nur der Glanzsittich polstert seine Höhle mit Blättern aus, die er sich ins Bürzelgefieder steckt, um sie zu transportieren.

Um sich am Köpfchen zu kratzen, führen Sittiche den Fuß unter dem Flügel hindurch nach oben. (Zeichnung: Rosellasittich).

Balz und Paarung

Die Balz beginnt bei allen Sittichen mit dem Füttern des Weibchens (→ Partnerfüttern, Seite 63) und dem Imponiergehabe des Männchens. Dieses stolziert oft hochaufgerichtet um das Weibchen herum oder vor ihm auf und ab, manche heben dabei die Flügel, spreizen den Schwanz oder bewegen ihn seitlich hin und her. Meist geht dies einher mit einer Verengung der Pupillen, wodurch die Iris deutlich sichtbar wird. Wird das Weibchen gefüttert, duckt es sich mit leicht zitternden Flügeln in der Bettelhaltung der Jungvögel vor dem Männchen. Ist es paarungsbereit, hebt es den Schwanz hoch, legt den Kopf weit zurück und lockt so das Männchen herbei. Bei der Kopulation (→ Zeichnung, Seite 51) steigt das Männchen dem Weibchen auf den

Rücken und hält sich mit dem Schnabel an dessen Gefieder fest.
Zur Balz gehören je nach Art auch besondere Schauflüge der Männchen, stimulierende Stimmäußerungen, heftiges Kopfnicken und stets das Zurschaustellen markanter Farbzeichnungen.

Die Brut
Das Brüten ist die Aufgabe des Weibchens. In der Regel beginnt es, nachdem es das zweite Ei gelegt hat, mit dem Brüten. Während dieser Zeit wird es vom Männchen gefüttert. Bei manchen Arten übergibt das Männchen am Einschlupfloch seinem Weibchen die Nahrung aus dem Kropf, bei anderen lockt das Männchen das Weibchen aus der Nisthöhle und füttert es außerhalb auf einem Ast. Mitunter fliegen dann beide Vögel ein kurzes Stück gemeinsam, ehe das Weibchen auf sein Gelege zurückkehrt. Viele Männchen halten in Nestnähe Wache, wenn sie nicht auf Nahrungssuche sind, andere ziehen mit Artgenossen umher und kommen nur stündlich ans Nest zum Füttern.
Sind die Jungen geschlüpft, werden sie in den ersten Tagen vom Weibchen gefüttert. Nach einigen Tagen beteiligt sich dann auch das Männchen. Von da an gehen manchmal auch beide Eltern auf Nahrungssuche. Kommen sie gemeinsam wieder zum Nest zurück, füttert zuerst das Männchen, dann das Weibchen.

Nesthygiene
Wie alle Papageien, kennen auch Sittiche keine Nesthygiene. Von vielen Singvögeln wissen wir, daß die Eltern den Kot ihrer Jungen fressen oder aus dem Nest tragen. Von einigen Sittichen ist erwiesen, daß sie in nützlicher Symbiose mit Kleinschmetterlingen leben. Die Raupen dieser Schmetterlinge schlüpfen in der Nisthöhle der Sittiche aus ihren Eiern und ernähren sich von den Exkrementen der Nestlinge. Genau beobachtet wurde diese erstaunliche Symbiose beim Goldschultersittich. In dessen Nistkammer im Innern eines Termitenhügels fand man Raupen, die nicht nur das Nest von Kot freihielten, sondern den Jungen auch Füße und Gefieder reinigten. Offen bleibt die Frage, wie die Schmetterlinge den richtigen Zeitpunkt für ihre Eiablage bestimmen. Schlüpfen die Raupen vor den Jungen, müssen sie verhungern. Schlüpfen sie nach den Jungen, verhungern sie ebenfalls, da die Jungvögel das Nest verlassen, bevor die Raupen bereit sind, sich zu verpuppen.

Sittiche lassen sich von ihrem Partner mit Vorliebe am Kopf kraulen. Dies dient aber nicht nur der Hygiene, sondern vor allem der Festigung der Paarbindung. (Zeichnung: Kanarienflügelsittiche).

Das Partnerfüttern gehört auch bei Bartsittichen zur Brutphase.

Die Nestlingszeit

Bei vielen Sittich-Arten bleiben die selbständigen Jungen bis zur nächsten Brut bei den Eltern. Meist lebt dieser Familienverband unter sich, manchmal schließt er sich mit einem weiteren zusammen (zum Beispiel Bourkesittich, Pennantsittich und Rosellasittich). In Schwärmen von mehreren hundert Vögeln leben Singsittich, Schmucksittich, Feinsittich und Goldbauchsittich. Bei Singsittichen existiert sogar eine regelrechte Hackordnung, die voraussetzt, daß die Vögel des Schwarms sich untereinander genau kennen. Der untergebene Sittich muß einem in der Rangordnung höher Stehenden ausweichen. Die Weibchen nehmen den Rang ihres Partners ein. Die Arten Zentralaustraliens ziehen nur bei Nahrungs- und Wassermangel in Schwärmen gemeinsam auf die Suche nach besseren Lebensbedingungen, sonst leben sie in kleineren Gruppen zusammen.

Baden und Trinken

Manche Sittiche kommen morgens und abends, oft noch nach Einbruch der Dunkelheit, zur Wasserstelle, andere mehrmals täglich oder gar stündlich. Neben natürlichen Gewässern dienen vielfach auch Weidetränken als Trinkwasserquelle. In Gebieten mit Wassermangel nutzen Sittiche morgens den Tau, der sich nach kalten Nächten im Gras bildet, zum Trinken und Baden. Fällt Regen, genießen manche gern ein Regenbad. Die Ausnahme bildet der Bourkesittich, der fast nie badet. Beobachtet man Sittiche beim Trinken, so machen fast alle einen etwas nervösen Eindruck. Viele stehen trinkend bis zum Bauch im Wasser, andere nehmen hastig ein paar Schlucke und fliegen wieder davon. Besonders scheu zeigt sich der Goldschultersittich. Er landet hoch im Baum über einer Wasserstelle und kommt nur langsam von Ast zu Ast herunter. Oft dauert es eine ganze Stunde, bis er es wagt, rasch einige Tropfen zu trinken, um sofort wieder wegzufliegen.

Stand, Strich- oder Zugvogel?

Die Sittiche, die in küstennahen, vegetationsreichen Gebieten leben, sind Standvögel. Das heißt, sie leben dauernd in einem Gebiet und entfernen sich nur wenige Kilometer. In trockenen Regionen, wie zum Beispiel in Zentralaustralien, ziehen Sittiche in Schwärmen auf der Suche nach Nahrung und Wasser umher. Sie sind Strichvögel und führen eine überwiegend nomadische Lebensweise. Feinsittich, Goldbauchsittich und Schwalbensittich sind Zugvögel, die die Brutsaison im Sommer auf Tasmanien verbringen und zum Überwintern über die Baßstraße auf das Festland ziehen.

Feinde und Gefahren

Ursprünglich waren Sittiche vor allem durch Greifvögel gefährdet. Auf diese Gefahr hat sich ihre Lebensweise eingestellt. Viele leben auf hohen Bäumen mit weitem Ausblick, um sich rasch warnen und fliehen zu können. Im Laub der Bäume, aber auch am Boden sind Sittiche durch ihre Gefiederfarben gut getarnt. Sie verlassen sich jedoch zu oft auf ihre Tarnfarben und gehen ohne besondere Vorsicht auf Nahrungssuche, da sie von Natur aus keine Warnmechanismen gegen die von Einwanderern eingeführten Katzen, Füchse und kleinen Raubtiere entwickelt haben. Sie fallen ihnen daher leicht zum Opfer. Eine besondere Bedrohung ist der in Australien häufig vorkommende, ebenfalls eingeführte Star, da er Nisthöhlen für sich beschlagnahmt, die wegen des schwindenden Baumbestands oft Mangelware sind.
Eine weitere Gefahr besteht für Sittich-Arten, die als Kulturfolger oft in großen Scharen auf landwirtschaftlichen Nutzflächen einfallen, in den meist rücksichtslosen Bekämpfungsmaßnahmen. Außerdem sind Sittiche durch langandauernde Dürreperioden, Buschbrände und vor allem durch die fortschreitende Zerstörung natürlicher Landschaften, wie die Rodung von Waldflächen, in ihrem Bestand gefährdet.

Viele Sittiche sind wegen der fortschreitenden Naturzerstörung in ihrer Heimat vom Aussterben bedroht. Gezieltes Züchten mit gefährdeten Arten kann zu ihrer Erhaltung beitragen. Einige sehr bedrohte Arten werden vielleicht bald nur noch als Nachzuchten existieren.

PRAXIS
Sittichsprache

Auf dieser Seite sind typische Verhaltens- und Bewegungsweisen, die Sie bei Ihren Sittichen immer wieder beobachten können, abgebildet und beschrieben. Wenn Sie deren Sinn kennen, werden Sie Ihre Vögel besser verstehen und ihr Befinden deuten können.

1 | Nach Ruhepausen räkeln und strecken sich Sittiche gern.

Räkeln und Strecken
Zeichnung 1
Meistens nach Ruhepausen streckt und räkelt sich ein Sittich. Diese Bewegungen sollen wahrscheinlich eine gewisse Müdigkeit überwinden. Zunächst werden beide Flügel schwach über dem Rücken gespreizt, anschließend räkelt sich der Sittich, indem er ein Bein und den Flügel auf der gleichen Seite nach hinten streckt. Beim Zurückziehen des Beins ballt sich der Fuß meist wie eine Faust.

Gefiederpflege
Zeichnung 2
Mehrmals täglich widmen sich Sittiche der Gefiederpflege. Außer der Kopfregion erreichen sie alle Körperpartien mit dem Schnabel. Sie ziehen dabei alle Federn glättend durch den Schnabel, selbst die langen Schwanzfedern. Mit dem Schnabel entnehmen Sittiche der Bürzeldrüse – eine als ringförmige Hautfalte gestaltete Fettdrüse, die unter dem Gefieder am Ende des Rückens knapp oberhalb der Schwanzfedern liegt – ein Sekret, das auf das Gefieder aufgetragen wird. Diese Fettschicht verhindert, daß die Federn bei Regen oder beim Baden völlig durchnäßt werden. Ebenso schützt das Fett die Federn vor dem Austrocknen durch Wind und Hitze. Den Kopf drehen sie um 180° und reiben ihn an der Bürzeldrüse, da sie ihn mit dem Schnabel ja nicht erreichen können. Manche Sittiche führen, um das Kopfgefieder zu pflegen, auch den Fuß unter dem Flügel hindurch zum Kopf.
Die soziale Gefiederpflege beschränkt sich bei vielen Sittcharten – vor allem bei Plattschweifsittichen – auf die Kopfregion, während andere das gesamte Gefieder gegenseitig pflegen. Es dient aber nicht nur der Hygiene, sondern ist für die Paarbindung wesentlich.

Gähnen
Zeichnung 3
Nicht nur wir Menschen, auch Sittiche gähnen und sperren dabei ihren Schnabel weit auf. Allerdings ist dies kein Zeichen von Ermüdung, sondern von Sauerstoffmangel. Leben Ihre Sittiche im Haus, sollten Sie immer ausreichend lüften (→ Seite 16), ohne daß Luftzug entsteht. Sittiche reagieren auf verbrauchte Luft empfindlicher als Menschen.

Partnerfüttern
Zeichnung 4
Bei den meisten Sittich-Arten ist das Partnerfüttern fester Bestandteil der Paarbindung. Während der Balz ist es als Vorspiel der Paarung zu beobachten. Das Weibchen nähert sich dann oft in geduckter Bettelhaltung dem Männchen und läßt sich von ihm füttern. Nur wenn es zufriedenstellend gefüttert wird – selbst wenn das Füttern nur durch Schnäbeln angedeutet wird –, wird es bereit zur Paarung sein. Denn später in der Brutzeit und bei der Jungenaufzucht verbringt das Weibchen die meiste Zeit in der Nisthöhle und ist auf das Männchen

2 | Sittiche pflegen täglich ausgiebig ihr Gefieder.

3 | *Beim Gähnen sperren Sittiche den Schnabel weit auf.*

angewiesen, das ihm Nahrung für sich und die Jungen bringen muß. Das Männchen geht in der Umgebung der Nisthöhle auf Nahrungssuche und übergibt das Futter aus seinem Kropf dem Weibchen am Einschlupfloch. Manche Männchen locken ihr Weibchen auch auf einen nahegelegenen Ast und übergeben ihm dort die Nahrung.
Das Partnerfüttern ist bei manchen Sittich-Arten mit besonders fester Paarbindung auch außerhalb der Brut das ganze Jahr über zu beobachten. Eine Ausnahme bilden Nymphensittiche. Da bei dieser Art beide Partner abwechselnd brüten und die Jungen füttern, entfällt das Partnerfüttern.

Schnäbeln
Zeichnung 5
Das Schnäbeln ist auch eine Art Partnerfüttern, ohne daß eine Futterübergabe wirklich stattfindet. Es dient während der Balz zur Festigung der Paarbindung und zur Vorbereitung auf die Brut. Das Schnäbeln deutet ritualisiert das Partnerfüttern an. Bei einigen Sittich-Arten gehört es auch zur Beschwichtigung des Partners.

Schlafen und Ruhen
Wenn Sittiche schlafen, sitzen sie still mit geschlossenen Augen und mit leicht aufgeplustertem Gefieder auf einem Bein, das andere ist angewinkelt ins Bauchgefieder eingezogen. Sehr oft drehen sie noch ihren Kopf nach hinten und stecken den Schnabel ins Rückengefieder (→ Zeichnung, Seite 26).

Während der Brut und Jungenaufzucht übergeben Sittich-Männchen die Nahrung den Weibchen oft am Einschlupfloch der Nisthöhle.

4 | *Partnerfüttern: Das Männchen würgt die Nahrung für das Weibchen aus dem Kropf.*

Während der Ruhephasen halten die Vögel eines Schwarms auf Ästen oder Sitzstangen untereinander einen ganz bestimmten

5 | *Das Schnäbeln dient der Festigung der Paarbindung.*

Abstand ein. Diesen Abstand nennt man Individualdistanz. Ein Unterschreiten dieser Distanz führt entweder zum Bedrohen oder zum Ausweichen des Tieres, dem der Artgenosse zu nahe rückte. Bei Kälte wird diese Individualdistanz jedoch aufgehoben. Die Vögel sitzen dann mit aufgeplustertem Gefieder eng beisammen, um einen Wärmeverlust zu verhindern. Im aufgeplustertem Gefieder befindet sich Luft, die wie eine Isolierschicht zwischen Körper und Außenluft wirkt.

Beliebte Sitticharten

Im folgenden Kapitel finden Sie wichtige Hinweise zu Aussehen und Pflege beliebter Sittich-Arten. Ausgewählt wurden vor allem Arten, die in den Anhang II des Washingtoner Artenschutzübereinkommens aufgenommen sind. Das bedeutet, daß mit diesen Arten unter Einhaltung aller gesetzlicher Bestimmungen der Handel erlaubt ist.

Artenschutz durch Zucht?
Viele Sitticharten sind in ihrer Heimat durch die Zerstörung ihres Lebensraums vom Aussterben bedroht. Rücksichtslos werden Waldgebiete gerodet und dabei die ohnehin schwindende Zahl der Brutbäume vernichtet. Trotz des Washingtoner Artenschutzübereinkommens (→ Seite 24) fangen Wilderer in aller Welt auch heute noch geschützte Sittiche. Die Macht der Behörden reicht nur selten in die entlegenen Gebiete, in denen die Sittiche leben.
Verantwortungsbewußte Vogelfreunde verzichten deshalb strikt auf die Haltung von Sittichen, die aus ihrem natürlichen Lebensraum gefangen wurden oder deren Herkunft nicht eindeutig geklärt ist. Kaufen Sie nur nachgezüchtete Sittiche, die einen amtlichen Fußring (→ Seite 26) tragen. Vielleicht kann in einigen Jahren die gesamte Nachfrage durch Zuchtvögel gedeckt werden.
Mein Tip: Wenn auch Sie erfolgreich züchten möchten, sollten Sie Ihren Pfleglingen optimale Lebensbedingungen bieten. Nur dann können Sie mit gesundem Nachwuchs rechnen. Möchten Sie nicht züchten, weil Sie vielleicht nur einen einzelnen Sittich halten, so sollten Sie den Vogel einem Züchter leihen, wenn diesem vielleicht ein passender Geschlechtspartner für einen seiner Sittiche fehlt.

Hinweise zu den Steckbriefen
In den vorangegangenen Kapiteln haben Sie allgemeines über das Wesen, die Haltung und Pflege und über die richtige Ernährung von Sittichen erfahren. Auf den folgenden Seiten finden Sie Bilder und Beschreibungen von beliebten Sittichen mit folgenden Angaben:
Kennzeichen: Genannt werden die markantesten Gefiedermerkmale der jeweiligen Sittich-Art. Bildet die Art Unterarten, beziehen sich die angeführten Kennzeichnen auf die Nominatform (→ Lexikon, Seite 86). In der Regel werden die Unterarten einer Art gleich gepflegt und gehalten.
Lebensraum: Diese Gebiete werden bevorzugt bewohnt.
Verhalten: Typische Verhaltensweisen in der Natur, die Hinweise auf die Haltung geben.
Haltung: Spezielle Tips zur Haltung und Zucht.
Hinweis: Weitere wichtige Angaben zur Zucht der vorgestellten Arten, wie die erforderliche Größe des Nistkastens, Geschlechtsreife, Brutdauer oder die gesetzlich vorgeschriebene Fußringgröße finden Sie in der Tabelle auf Seite 88.
Bei der Auswahl der Sittiche handelt es sich vor allem um Arten, die im Anhang B der EG-Verordnung oder Anhang II des WA (→ Seite 24) aufgeführt und daher im Zoofachhandel oder bei Züchtern erhältlich sind.

Freilebender Rosellasittich am Eingang einer Nisthöhle.

Fast alle Sittich-Arten sind Höhlenbrüter. Allerdings variiert das Aussehen der Nisthöhlen beträchtlich. Es können Baumhöhlen sein, Felsspalten, morsche Äste, Lehmwände oder sogar Termitenbauten.

Plattschweifsittiche

1 *Stanleysittich.*

2 *Blaßkopfrosella.*

Australien

Australien ist das Land der Papageien und Sittiche. Dort leben insgesamt über 30 verschiedene Sittich-Arten. Auf den folgenden Seiten stellen wir Ihnen die beliebtesten und am häufigsten gehaltenen australischen Sittiche vor.

1 Stanleysittich

Gelbwangensittich
Platycercus icterotis
Unterarten: Westlicher Stanleysittich (*P. i. icterotis*), Östlicher Stanleysittich (*P. i. xanthogenys*). Gleiche Pflege.
Kennzeichen: Männchen: Gelber Wangenfleck; Kopf, Brust und Bauch rot; Rücken, Flügel schwarz, grün gesäumt; äußere Schwungfedern blau. Weibchen: Wangenfleck blasser; Brust, Kopf grün-rot, Stirnband rot. Jungvögel: Vorwiegend grün; Wangenfleck fehlt.
Lebensraum: Küstengebiete, Weide- und Kulturland.
Verhalten: Zutraulich, friedfertig; inniger Paarzusammenhalt; sehr lebhaft; klettern viel; nagen nicht; angenehme Stimme.
Haltung: Brauchen ständige Badegelegenheit. Da Brutpaare aggressiv, isolieren; meist nur 1 Brut im Jahr.

2 Blaßkopfrosella

Blaßkopfsittich, Blaukopfsittich
Platycercus adscitus
Unterarten: Gelbzügeliger Blaßkopfrosella (*P. a. adscitus*), Blauzügeliger Blaßkopfrosella (*P. a. palliceps*). Gleiche Pflege.
Kennzeichen: Männchen, Weibchen gleich. Wangenfleck weiß; Oberkopf fast weiß; Kehle, Flügelbug, Bauch blau; Brust gelblich-blau; Rücken schwarz, gelb gesäumt. Jungvögel: Blasser; Wellenzeichnung am Kopf.
Lebensraum: Subtropische und tropische Tieflandgebiete mit Baumbestand.
Verhalten: Nahrungssuche vorwiegend auf Bäumen; hält Nahrung mit dem Fuß fest; sehr badefreudig.
Haltung: Partnerfindung oft schwierig. Da Brutpaare aggressiv, isolieren, keine anderen *Platycercus*-Arten im Nachbargehege halten.

3 Rosellasittich

Rosella
Platycercus eximius
Unterarten: Rosellasittich (*P. e. eximius*), Tasmanischer Rosella (*P. e. diemenensis*), Prachtrosella (*P. e. ceciliae*). Gleiche Pflege.
Kennzeichen: Männchen, Weibchen gleich. Wangenfleck weiß; Kopf, Brust rot; Bauch grünlichgelb; Bürzel grün; Rücken, Flügel schwarz, gelb gesäumt. Jungvögel: Nacken, Scheitel grün.
Lebensraum: Ursprünglich

3 *Rosellasittich.*

4 *Pennantsittich.*

offene Savannen, heute Kulturflächen.
Verhalten: Lebt außerhalb der Brut in kleinen Gruppen; im Winter in großen Scharen; viel Streit zwischen den Männchen.
Haltung: Am besten 1 Paar allein im Gehege halten; laute Stimmen; brüten leicht, meist 2 Mal im Jahr.

4 Pennantsittich

Buschwaldsittich
Platycercus elegans
Unterarten: Südlicher Pennantsittich (*P. e. elegans*), Nördlicher Pennantsittich (*P. e. nigrescens*), Fleurieusittich (*P. e. fleurieuensis*), Adelaidesittich (*P.e. adelaidae*), Nördlicher Adelaidesittich (*P.e. subadelaidae*), Strohsittich (*P.e. flaveolus*). Gefiederfarben unterschiedlich, gleiche Pflege.
Kennzeichen: Männchen, Weibchen gleich. Karminrot; Wangenfleck blauviolett; äußere Schwungfedern blau; Rücken, Flügel schwarz, rot gesäumt. Jungvögel: Grün; Scheitel rot.
Lebensraum: Bevorzugt geschlossene Wälder.
Verhalten: Wenig menschenscheu; scharren viel am Boden; nagen gern; führen Nahrung mit dem Fuß zum Schnabel; widerstandsfähig. Bilden nach der Brut Familienverbände. Angenehme Stimme.
Haltung: Da Brutpaare aggressiv, isolieren; meist nur 1 Brut im Jahr.

Singsittiche

1 *Singsittich-Pärchen.*

1 Singsittich

Psephotus haematonotus

Kennzeichen: Männchen: Bürzel auffallend rot; Wangen und Rücken blaugrün; Oberkopf und Nacken grasgrün; Außenfahnen der Handschwingen zartblau; Bauch und mittlere Flügeldecken gelb. Weibchen: Graugrünes Gefieder; Bürzel grün; Bauch und Unterschwanzdecken weiß; Unterseite gelblich. Jungvögel: Matter gefärbt; Bürzel von jungen Männchen schon etwas rot.

Lebensraum: Offene Eukalyptus-Savannen, Gärten und Felder.

Verhalten: Starke Paarbindung; leben gesellig; im Schwarm existiert eine Rang- und Hackordnung.

Haltung: Angenehme Stimmen. Da Brutpaare aggressiv, isolieren. Halten sich gerne am Boden auf, deshalb Volierenboden mit Erde und Gras bepflanzen. Kälteempfindlich; Raumtemperatur bei Brut mindestens 15 °C. Bevorzugen Naturstamm als Bruthöhle (∅: 20 cm, H: 60 cm).

2 Vielfarbensittich

Psephotus varius

Kennzeichen: Gefiederfarben je nach Verbreitungsgebiet unterschiedlich, vor allem Rottöne variieren. Meist übereinstimmend: Männchen: Brust und Kopf bläulichgrün; roter Scheitelfleck; gelbes Stirnband; Schultern, Bauch, Unterschwanzdecken und Schenkel gelb, mit orangefarbener Zeichnung. Weibchen: Orangefarbenes Stirnband; Scheitelfleck blaßrot; Kopf, Brust und Oberrücken

2 *Vielfarbensittich.*

3 *Blutbauchsittich.*

grünlich-hellbraun; Bauch lindgrün. Jungvögel: Matter gefärbt; junge Männchen mit etwas Rot am Bauch.
Lebensraum: Trockenes Buschland, Grasland mit wenig Baumbewuchs.
Verhalten: Leben paarweise oder in kleinen Gruppen; bilden nach der Brut Familienverbände; starke Paarbindung.
Haltung: Leise Stimmen; Volierenboden mit Erde und Gras bedecken, da sie sich viel am Boden aufhalten und scharren; kälteempfindlich; Raumtemperatur bei Brut mindestens 15 °C. Bevorzugen Naturstamm als Bruthöhle (∅: 20 cm, H: 60 cm).

3 Blutbauchsittich

Gelbsteißsittich
Psephotus haematogaster
Unterarten: Gelbsteißsittich (*P. h. haematogaster*), Rotsteißsittich (*P. h. haematorrhous*), Heller Blutbauchsittich (*P. h. pallescens*), Narethasittich (*P. h. narethae*). Unterschiedlich intensive Gefiederfarben, gleiche Pflege.
Kennzeichen: Männchen: Blaßgrau-braunes Gefieder; Brust mit gelben Abzeichen; Scheitel, Zügel, äußere Schwungfedern blau; gelber Bauch mit auffällig rotem Fleck. Weibchen: Schnabel kleiner; roter Bauchfleck ist blasser. Weibchen und Jungvögel besitzen einen weißen Streifen am Unterflügel.
Lebensraum: Trockene Savannen und Grasland mit lichtem Baumbestand.
Verhalten: Besonders intensives Spielverhalten: Sie rollen mit dem Partner wie spielende Katzen am Boden, spielen gern mit Steinen und Ästen; häufige gegenseitige Gefiederpflege; bei Erregung heftiges Kopfnicken mit aufgestellten Stirnfedern.
Haltung: Sehr streitsüchtig, deshalb nur 1 Paar allein halten; bevorzugen Naturstamm als Bruthöhle (∅: 20 cm, H: 60 cm); Raumtemperatur während Brut mindestens 15 °C.

1 Glanzsittich.

2 Schmucksittich.

1 Glanzsittich

Neophema splendida

Kennzeichen: Männchen: Kopf blau; Kehle dunkelblau; Handschwingen hellblau; Oberseite, Schwanz grün; Brust rot; Bauch, Schwanzunterseite gelb. Weibchen: Brust gelblichgrün; Kopf graubraun; Stirn, Wangen, Zügel blau. Jungvögel: Matter gefärbt als Weibchen; junge Männchen haben mehr Blau und einzelne rote Brustfedern.

Lebensraum: Trockene Gebiete mit Eukalyptussträuchern und Spinifexgras.

Verhalten: Ruhige und verborgene Lebensweise; geringes Trinkbedürfnis; Weibchen polstert Nest mit Blättern aus.

Haltung: Werden allmählich zutraulich; wohltönende Stimmen; Volierenboden sollte mit Erdschicht bedeckt und von Gräsern und kleinen Sträuchern bewachsen sein; besonders kälte- und nässeempfindlich.

2 Schmucksittich

Elegantsittich

Neophema elegans

Kennzeichen: Männchen: Oberseite gold-olivgrün; Unterseite gelblich mit orangefarbenem Bauchfleck; blaues Stirnband, über dem sich ein feiner hellblauer Streifen bis zu den Augen erstreckt; Armschwingen blau; Handschwingen dunkelviolett. Weibchen: Stumpf olivgrün; Streifen über dem Stirnband und Bauchfleck fehlen. Jungvögel: Ähneln Weibchen; Stirnband fehlt.

Lebensraum: Offene Landschaften, Grasland mit Buschbestand.

Verhalten: Leben in Scharen; halten sich viel am Boden und in dichtem Strauchunterwuchs auf.

Haltung: Wie Glanzsittich.

Grassittiche

3 *Schönsittich.*

4 *Feinsittich.*

3 Schönsittich

Turquoisinsittich

Neophema pulchella

Kennzeichen: Männchen: Gesicht und obere Flügeldecke blau; Stirn dunkleres Blau; untere Flügeldecken und äußerer Rand der Schwungfedern dunkelblau; Flügelband rot; Oberseite grün; Unterseite gelb. Weibchen: Matter gefärbt; weniger Blau im Gesicht; kein Flügelband. Jungvögel: Ähneln Weibchen; junge Männchen haben etwas mehr Blau im Gesicht; Flügelband erkennbar.

Lebensraum: Hügelige, dicht bewaldete Gebiete, steile Felstäler.

Verhalten: Zutraulich; leben in Scharen; am Wasser extrem scheu; Weibchen tragen manchmal Blattstreifen ins Nest.

Haltung: Wie Glanzsittich.

4 Feinsittich

Neophema chrysostoma

Kennzeichen: Männchen: Oberseite olivgrün; blaues Stirnband mit blasser Umrandung; Zügel gelb; Brust grün; Bauch vor allem während der Brut orange, danach aufgehellt; Armschwingen kräftig blau; Handschwingen schwarz mit feinen weißen Säumen. Weibchen: Matter gefärbt; Handschwingen dunkelbraun. Jungvögel: Matter gefärbt; Stirnband fehlt.

Lebensraum: Heide, offenes Weideland, Kulturland, Küstengebiete.

Verhalten: Sehr gesellig; ruhiges Wesen; halten sich viel am Boden auf; brüten in Gruppen bis zu 10 Paaren.

Haltung: Wie Glanzsittich.

1 *Wildfarbene Wellensittiche.*

1 Wellensittich

Melopsittacus undulatus

Kennzeichen: Wellensittiche wurden in vielen Farbvariationen gezüchtet; die Wildform ist hellgrün. Männchen: Stirn und Gesicht gelb; zur Brust hin sechs schwarze Kehltupfen; Wangen mit kleinen blauvioletten Bartfedern; Wellenzeichnung auf Hinterkopf, Rücken und Flügeldecken durch schwarze, gelb gesäumte Federn; Wachshaut blau. Weibchen: Wachshaut beige bis bräunlich. Jungvögel: Blasser gefärbt; Wellenzeichnung am Kopf reicht noch bis zur Wachshaut.

Lebensraum: Halbwüsten mit Grasbestand; entlang von Flußläufen mit Eukalyptusbäumen.

Verhalten: Paare halten innig zusammen; Partnerfüttern auch außerhalb der Brut; leben paarweise im Schwarm, bei Wanderungen in großen Scharen; das Weibchen dominiert, Männchen haben ihm gegenüber Angriffshemmungen; brüten nach Regenfällen.

Haltung: Überaus gesellig; Einzelvogel schließt sich eng dem Menschen an und lernt dann sogar, Wörter oder kleine Sätzchen nachzusprechen; zu empfehlen ist jedoch Paarhaltung. In großen Gemeinschaftsvolieren können sie gemeinsam brüten. Achtung: Einzelgänger aus Brutvoliere ausschließen, da sie oft Unfrieden stiften. Nur 2 Bruten im Jahr zulassen.

2 Nymphensittich

Kakadusittich

Nymphicus hollandicus

Kennzeichen: Männchen: Zartgraues Gefieder, manchmal auch graublau oder bräunlichgrau; obere Schwanzfedern silbergrau; auffallende weiße Flügelbinden; Kehle, Wangen und Stirn kräftig zitronengelb; orangeroter Wangenfleck; aus dem gelben Stirngefieder wachsen die Federn der Haube, die vorderen sind kürzer und gelb, die hinteren länger und grau; Wachshaut braungrau. Weibchen: Gelbe Maske und Wangenfleck matter gefärbt und grau überlagert; Unterseite der

Nymphensittich

Bourkesittich

2 *Nymphensittich.*

3 *Bourkesittich.*

Schwanzfedern quergestreift. Jungvögel: Wie Weibchen, der Schwanz ist kürzer.
Lebensraum: Trockengebiete, Halbwüsten und Strauchsteppen, vor allem entlang von Flußläufen mit Eukalyptusbäumen.
Verhalten: Leben paarweise im Schwarm; inniger Paarzusammenhalt, jedoch kein Partnerfüttern, da beide Partner abwechselnd brüten; Männchen »singt« während der Balz.
Haltung: Angenehmer Heimvogel, da friedfertig und sanftmütig; wird zahm und erlernt oft das Pfeifen; paarweise Haltung empfehlenswert, da Einzelvögel häufig laut schreien; in großen Gemeinschaftsvolieren kommt es leicht zur Brut; nur 2 Bruten im Jahr zulassen.

3 Bourkesittich

Rosenbauchsittich
Neopsephotus bourkii
Kennzeichen: Männchen: Kopf und Brust bräunlich-rosa, zum Bauch hin altrosa; blaues Stirnband; Unterschwanzdecke hellblau; Schwanz und Schwungfedern blau; braunschwarze Rükkenfedern, hellbraun bis beige gesäumt. Weibchen: Stirnband nur angedeutet, Rosatöne matter. Jungvögel: Wie Weibchen; bei manchen Männchen ist das blaue Stirnband angedeutet.
Lebensraum: Offene Strauchsteppen, Gebiete mit Mulga-Akazien.
Verhalten: Leben meist paarweise in Scharen, auf Wanderungen in Schwärmen; fliegen meist dicht über dem Boden; halten sich oft am Boden auf; hauptsächlich am frühen Morgen, vor Sonnenuntergang und in hellen Mondnächten aktiv; baden selten; brüten nach Regenfällen.
Haltung: Angenehmer Heimvogel; nagt und schreit nicht; läßt reizendes Gezwitscher hören; zutraulich; verträglich; kann außerhalb der Brut mit Artgenossen und Prachtfinken gehalten werden; Paare während der Brut isolieren; nur 2 Bruten im Jahr zulassen.

1 *Schildsittich-Pärchen.*

2 *Bergsittich.*

1 Schildsittich

Barrabandsittich

Polytelis swainsonii

Kennzeichen: Männchen: Grünes Gefieder, an der Oberseite dunkler als an der Unterseite; Scheitel, Stirn, Wangen und Kehle sonnengelb; Schnabel und ein halbmondförmiges Schild um die gelbe Kehle rot; äußere Handschwingen blau. Weibchen: Blasser gefärbt; Gelb im Kopfbereich und rotes Schild fehlen; nur die äußeren Schwanzfedern sind rot. Jungvögel: Ähneln Weibchen; junge Männchen sind etwas intensiver grün.

Lebensraum: Schmale Waldstreifen an Flußläufen mit hohen Eukalyptusbäumen, feuchte Steppen.

Verhalten: Kleine Gruppen von etwa 10 Vögeln leben auch während der Brut zusammen; Männchen bilden kleine Trupps, die sie immer wieder verlassen, um Nahrung für ihre Weibchen zu besorgen; ahmen Stimmen anderer Vögel nach.

Haltung: Laute durchdringende Stimmen. Sonst wie Bergsittich.

2 Bergsittich

Polytelis anthopeplus

Kennzeichen: Männchen: Vorwiegend gelb; Rücken olivgrün; große Flügeldecken schwarz; mittlere Flügeldecken und Schnabel rot. Weibchen: Matter gefärbt; überwiegend olivgrün. Jungvögel: Wie Weibchen; Männchen mehr gelb als olivgrün.

Lebensraum: In Ostaustralien leben Bergsittiche verborgen in dicht bewachsenen Strauchsteppen mit Eukalyptusbestand. In Westaustralien sind sie Kulturfolger und leben vorwiegend in Weizenanbaugebieten.

Verhalten: Sehr friedlich; leben in Gruppen bis zu 20 Vögeln; unter den australischen Sittichen sind sie die besten Flieger.

Haltung: Begehrte Volierenvögel, da verträglich und zutraulich; angenehme Stimmen; nehmen nur Sprühbäder; 2 bis 3 Paare können in einer großen Voliere auch gemeinsam leben und brüten; 1 Brut im Jahr.

Kappensittiche

3 *Blaukappensittich.*

4 *Rotkappensittich.*

3 Blaukappensittich

Alexandrasittich, Princess of Wales
Polytelis alexandrae
Kennzeichen: Männchen: Scheitel und Stirn hellblau; Kehle und Halsvorderseite rosa; Unterseite hellgrau; Oberseite olivgrün; Flügeldecken grüngelb; Bürzel violettblau; Schenkel und untere Flanken rosa; Schwungfedern hellblau; äußere Schwanzfedern blaugrau, rosa gesäumt. Weibchen: Matter gefärbt; Schwanz kürzer; sind etwas schlanker. Jungvögel: Ähneln Weibchen.
Lebensraum: Als Nomaden leben sie stets in der Nähe von Wasserstellen und Brutbäumen; vorwiegend wüstenähnliche Gebiete.
Verhalten: Halten sich viel am Boden auf; leben sehr verborgen und meiden die Nähe von Menschen; brüten nach Regenfällen.
Haltung: Beliebte Volierenvögel, da von sanftem, furchtlosem Wesen; verträglich und zutraulich, allerdings häufig laute Rufe. Sonst wie Bergsittich.

4 Rotkappensittich

Purpureicephalus spurius
Kennzeichen: Männchen: Verlängerter, nicht sehr gekrümmter Oberschnabel; Stirn, Scheitel, Schenkel und Unterschwanzdecke rot; Wangen und Kehle gelb; Brust und Bauch kräftig blauviolett; Oberseite gelb- bis dunkelgrün. Weibchen: Matter gefärbt; Kopf rot-grün oder grün; Brust und Bauch graublauviolett. Jungvögel: Matter gefärbt als Weibchen; einzelne rote Stirnfedern.
Lebensraum: Geschlossene Eukalyptuswälder oder Gebiete mit reichlichem Eukalyptusbestand.
Verhalten: Leben paarweise oder in kleinen Gruppen; mit dem langen Schnabel holen sie Pollen und Nektar aus Blüten und Samen aus Eukalyptuskapseln.
Haltung: Sehr lebhaft und neugierig, aber scheu; metallisch rasselnde Stimme; starker Nagetrieb, deshalb viele Äste zur Verfügung stellen; baden viel und mit großer Begeisterung; brauchen viel Flugmöglichkeiten.

Ringsittiche

1 *Barnardsittich.*

2 *Bauer's Ringsittich.*

1 Barnardsittich

Barnardius barnardi
Unterarten: Barnardsittich (*B. b. barnardi*), Cloncurrysittich (*B. b. macgillivrayi*), Lake-Eyre-Barnardsittich (*B. b. whitei*). Gleiche Pflege.
Kennzeichen: Männchen: Dunkelgrün mit rotem Stirnband und hellblauen Akzenten an Wangen, Schultern und Flügeldecken; gelber Kragen im Nacken. Weibchen: Etwas matter gefärbt. Jungvögel: Orangerotes Stirnband.
Lebensraum: Eukalyptus-Buschwälder, offene Wälder.
Verhalten: Leben verborgen im Laubschatten; führen Nahrung mit dem Fuß zum Schnabel.
Haltung: Ruhiger Volierenvogel; die Paarbildung bereitet mitunter Schwierigkeiten; Paare, die nicht harmonieren, bald trennen; bevorzugen Naturstamm als Bruthöhle (∅: 35 cm, H: 100 cm); 2 Bruten im Jahr möglich.

2 Ringsittich

Barnardius zonarius
Unterarten: Bauer's Ringsittich (*B. z. zonarius*), Kragensittich (*B. z. semitorquatus*), Dundas-Kragensittich (*B. z. dundasi*), Nördlicher Kragensittich (*B. z. occidentalis*) und Zentralaustralischer Kragensittich (*B. z. myrtae*). Gleiche Pflege.
Kennzeichen: Männchen: Schwarzbrauner Kopf mit blauvioletten Wangen; Schnabel hellhornfarben; Kragen hellgelb; Flügeldecken und Brust grün; Bauch dunkelgelb. Weibchen: Matter gefärbt. Jungvögel: Noch matter gefärbt.
Lebensraum: Gebiete mit Eukalyptusbeständen, Parkanlagen und Küstenwälder.
Verhalten: Meist nur paarweise anzutreffen, nie in Schwärmen; Kulturfolger; im Landesinneren keine festen Brutzeiten.
Haltung: Brauchen besonders viel Nage- und Flugmöglichkeiten. Aggressiv gegen *Platycercus*- und andere *Barnardius*-Arten.

Neuseeland

Aus Neuseeland stammen zwei Sittich-Arten, die heute als Volierenvögel sehr beliebt und weitverbeitet sind: der Ziegensittich und der Springsittich. Kaum zu glauben, daß beide Vögel erst seit den 70er Jahren im Handel sind.

3 Springsittich

Cyanoramphus auriceps
Kennzeichen: Männchen: Gefieder dunkelgrün, zum Kopf hin aufgehellt; Schnabel blau; Stirnband rot; Stirn gelb; roter Fleck beidseits des Bürzels; Arm- und Handschwingen blau. Weibchen: Stirnband schmäler; weniger Gelb an Stirn. Jungvögel: Matter gefärbt; kurzer Schwanz.
Lebensraum: Gebiete mit Baumbestand, lichte Wälder.
Verhalten: Munter; starkes Bewegungsbedürfnis; leben in kleinen Gruppen; meiden offene Landschaften; Rufe ähnlich wie beim Ziegensittich, aber angenehm leise; kommen häufig zusammen mit Ziegensittichen vor.
Haltung: Beliebt wegen ihrer regen Aktivität; inniger Paarzusammenhalt; Paare verteidigen einander und schreien andauernd, wenn sie getrennt werden; brauchen Erdboden in der Voliere, möglichst mit Gras und kleinen Sträuchern bewachsen; ständige Bademöglichkeit sowie Sonnenschutz an heißen Tagen; Raumtemperatur bei Brut etwa 18 °C. Bevorzugen Naturstamm als Bruthöhle (∅: 25 cm, H: 60 cm). Für 2. Brut im Jahr neuer Nistkasten erforderlich.
Ähnliche Art: Ziegensittich *(Cyanoramphus novaezelandiae).*
Männchen und Weibchen haben tiefgrünes Gefieder. Scheitel, Stirn und ein kleiner Fleck hinter den Augen und beidseits des Bürzels sind leuchtendrot; die Handschwingen sind blauviolett. Das Weibchen erkennt man am kleineren Kopf, auch der Schnabel und der rote Fleck hinter den Augen sind etwas kleiner. Das Rot leuchtet bei Jungvögeln weniger intensiv.
Ziegensittiche bewohnen vorwiegend waldreiche Gebiete, sie haben sich aber auch dem Bodenleben angepaßt. Sie sind äußerst geschickte Flieger und ihre Rufe erinnern an »Ziegengemecker«.

3 Springsittich-Pärchen.

Mönchssittich

Schmalschnabelsittich

1 *Mönchssittich.*

2 *Kanarienflügelsittiche.*

Südamerika

Die südamerikanischen Sittiche sind nicht ganz so populär wie die australischen, da ihr Gefieder meist unauffälliger gefärbt ist. Viele von ihnen haben jedoch ein überaus liebenswertes Wesen, sind lebhaft und neugierig und werden in Menschenobhut oft zahm und zutraulich.

1 Mönchssittich

Myiopsitta monachus

Kennzeichen: Männchen, Weibchen gleich. Wangen und Hals hellgrau; Brust weiß gesäumt; Scheitel und Stirn hellgrau mit leicht grünem Anflug; Oberseite grasgrün; Bauch grünlich-gelb; Handschwingen schwarz und blau; hornfarbener, länglicher Schnabel. Jungvögel: Stirn und Scheitel stärker grün.

Lebensraum: Gebiete mit Buschbestand und hohen Brutbäumen.

Verhalten: Baut als einzige Papageienart in hohen Bäumen ein Nest; als Koloniebrüter fügen die Vögel ihre Nester Wand an Wand; jedes Nest besteht aus einem Brutraum und einer Vorkammer.

Haltung: Können paarweise in Gemeinschaftsvolieren gehalten werden, allerdings dürfen keine unverpaarten Sittiche darunter sein; laute Stimmen. Gute Bruterfolge, wenn eine stabile Gitterunterlage vorhanden ist, an der sie für den Nestbau die Zweige feststecken können; Nistkästen werden nur selten angenommen.

2 Kanarienflügelsittich

Brotogeris versicolorus chiriri

Eine Unterart des Weißflügelsittichs (*B. versicolorus*).

Kennzeichen: Männchen, Weibchen gleich. Grünes Gefieder; gelbe Armdecken; feiner bläulich-weißer Augenring; hellbeiger Schnabel. Jungvögel unterscheiden sich bald nicht mehr.

Lebensraum: Vor allem Waldränder und Flußufer mit Baumbestand.

Verhalten: Leben im Schwarm; brüten in Baumhöhlen oder in Baum-Termitenbauten; Paare kreischen gelegentlich im Wechsel; während der Brut schlafen

3 *Rotmaskensittich.*

4 *Nandaysittich.*

beide Partner im Nistkasten.
Haltung: Zutraulich; Brutpaare nicht in Nachbargehege von *Aratinga*-Arten unterbringen, da sie sich nicht vertragen.

3 Rotmaskensittich

Aratinga mitrata
Kennzeichen: Männchen, Weibchen gleich. Moosgrün; Brust und Bauch aufgehellt; Stirn, Scheitel, Wangen und Zügel rot; einzelne rote Federn am ganzen Körper verstreut, mit Ausnahme der Flügel; weißer Augenring; hellhornfarbener Schnabel. Jungvögel: Grün mit schmalem rotem Stirnband.
Lebensraum: Trockene Wälder, halboffene Gelände, Kulturflächen.
Verhalten: Leben häufig nomadisch; paarweise oder in kleinen Gruppen; gute Flieger, die weite Strecken in großer Höhe zurücklegen und dabei laut rufen; neugierig und sehr lebhaft.
Haltung: Zutraulich; verspielt; ahmen Geräusche nach; laute Stimmen; nagen und baden sehr gern; unbedingt Doppelgitter zwischen den Abteilen anbringen, da streitsüchtig gegen Nachbarvögel.

4 Nandaysittich

Nandayus nenday
Kennzeichen: Männchen, Weibchen gleich. Oberkopf, Gesicht, Kinn, Wangen, Schnabel schwarz; Augenring weiß; Kehle, Brust blaßblau; Schenkel rot; übriges Gefieder grün; Unterseite gelbgrün. Jungvögel unterscheiden sich bald nicht mehr.
Lebensraum: Nicht an bestimmte Landschaften gebunden.
Verhalten: Koloniebrüter; Männchen halten oft kreischend neben dem Nest Wache; nach der Brut in Schwärmen lebend, oft zusammen mit Mönchsittichen; Kulturfolger.
Haltung: Gemeinsame Haltung und Brut von 4 bis 5 Paaren in großen Volieren möglich; nagen, klettern und baden sehr gern; laute Stimmen; Volierenabteile durch Doppelgitter trennen, da streitbar gegen Nachbarvögel; handaufgezogene Nandaysittiche eignen sich gut zur paarweisen Haltung als Heimtiere.

1 *Pflaumenkopfsittich.*

2 *Rosenbrustsittich.*

Asien

Die in Asien lebenden Edelsittiche fallen durch markante Gefiederzeichnungen auf. Sie tragen ein »Halsband« oder einen ausgeprägten Bartstreifen. Bei manchen ist der Kopf auffallend gefärbt. Edelsittiche gehen ausnahmsweise keine feste Partnerbindung ein. Die Paare trennen sich nach der Brut wieder.

1 Pflaumenkopfsittich

Psittacula cyanocephala

Kennzeichen: Männchen: Kopf pflaumenblau; Oberschnabel hellorange; der schwarze Bartstreif geht in den feinen Kragenring über, unter dem das Gefieder zart türkis ist; Oberseite grün; Unterseite gelbgrün; rotbrauner Streifen auf den kleinen Flügeldecken. Weibchen: Kopf hell grau-violett; Kragenring mattgelb; Flügelstreifen fehlt; Oberschnabel hellgelb. Jungvögel: Blasser gefärbt als Weibchen.
Lebensraum: Wälder nahe bei Kulturflächen, wie beispielsweise Getreidefelder und Obstplantagen.
Verhalten: Leben im Schwarm; gehen gemeinsam auf Nahrungssuche; schlafen auf großen Bäumen und verkünden mit viel Stimmaufwand ständig ihre Anwesenheit; keine feste Paarbindung.
Haltung: Ausreichend Klettermöglichkeiten anbieten; laute Stimmen; frostempfindlich; brüten bereitwillig, sind aber bei der Jungenaufzucht nicht immer erfolgreich, weshalb nicht selten eine künstliche Aufzucht erforderlich ist.

2 Rosenbrustsittich

Bartsittich

Psittacula alexandri fasciata

Kennzeichen: Männchen: Oberseite olivgrün; Kopf grau mit blauem Anflug; Brust dunkelrosa; breiter schwarzer Bartstreifen; schmaler schwarzer Streifen von Auge zu Auge; roter Oberschnabel. Weibchen: Brust lachs

3 *Kleiner Alexandersittich (Pärchen).*

rosa; Kopf und Gesicht helles Blaugrün; schwarzer Oberschnabel. Jungvögel: Grün; schwarzer Bart- und Augenstreifen angedeutet; roter Schnabel, der nach etwa 5 Wochen schwarz wird und bei erwachsenen Männchen wieder rot.
Lebensraum: Tiefebenen und leichte Gebirgshänge.
Verhalten: Leben im Schwarm; keine feste Paarbindung; während der Balz sitzen Männchen und Weibchen nebeneinander und trillern unter beständigen Kopfdrehungen.
Haltung: Laute Stimmen; sonst wie Kleiner Alexandersittich.

3 Kleiner Alexandersittich
Halsbandsittich
Psittacula krameri
Unterarten: Afrikanischer Halsbandsittich (*P. k. krameri*), Indischer Halsbandsittich (*P. k. manillensis*). Kaum zu unterscheiden, gleiche Pflege.
Kennzeichen: Männchen: Grünes Gefieder, das auf dem Hinterkopf ins Blau spielt; Schnabel rot; Nackenstreifen lachsrot; Halsring schwarz. Weibchen: Halsring und Nackenstreifen fehlen. Jungvögel: Ähneln Weibchen, haben jedoch einen kürzeren Schwanz.
Lebensraum: Ursprünglich in Wäldern, heute auch Kulturflächen wie zum Beispiel Felder, Plantagen und Gärten.
Verhalten: Leben in Schwärmen; ausgeprägtes Balzverhalten der Männchen; keine feste Paarbindung.
Haltung: Sehr gesellig, deshalb können mehrere Paare in einer großen Voliere gemeinsam gehalten werden; Sprühbäder sind sehr beliebt; empfindlich gegen Frost.

A

Art
Die Art – auch Spezies genannt – bezeichnet eine Gruppe von Lebewesen, deren Körperbau im wesentlichen übereinstimmt. Äußere Merkmale innerhalb einer Art können stark variieren. Die Angehörigen einer Art bilden eine Fortpflanzungsgemeinschaft.

Aspergillose
Durch Schimmel entstehende Pilzinfektion, gegen die kein Heilmittel existiert. Lebensbedrohend für Sittiche. Deshalb ist es wichtig, verschimmeltes Futter sofort zu entfernen!

B

Baugenehmigung
In jedem Fall muß geklärt werden, ob eine Baugenehmigung für die Errichtung einer Freivoliere mit Schutzhaus erforderlich ist. Dies ist abhängig von den landesrechtlich unterschiedlichen Bauordnungen. In der Regel wird ab 5 m^2 umbauter Raum eine Baugenehmigung erforderlich.

Bergmann'sche Regel
Nach dieser Regel bestimmt der Lebensraum die Größe der Vögel innerhalb einer Art. Zum Beispiel sind Pennantsittiche, die in heißen Zonen leben, kleiner als die aus gemäßigten Zonen. Das liegt daran, daß größere Pennantsittiche im Verhältnis zu ihrem Körpergewicht eine kleine Körperoberfläche haben – die Körperoberfläche nimmt nicht proportional zum Gewicht zu. Sie können deshalb nur wenig Wärme abgeben. Dagegen haben kleine Pennantsittiche im Verhältnis zu ihrem Gewicht eine große Oberfläche und können viel Wärme abgeben. Das erklärt, warum die kleinste Unterart des Pennantsittichs das wärmste Gebiet in Australien bewohnt.

Bodengitter
Viele Käfige sind mit einem Bodengitter ausgestattet, das den Kontakt der Vögel mit dem Kot vermeiden soll. Es hindert jedoch den Vogel daran, im Sand zu picken und Steinchen aufzunehmen, die für seine Verdauung notwendig sind. Zudem spielen viele Sittich-Arten gern auf dem Käfig- oder Volierenboden und scharren im Sand. Manchmal vollziehen sie dort auch die geschlechtliche Vereinigung. Deshalb sollte das Bodengitter entfernt und dafür der Sand täglich von Exkrementen gereinigt werden.
Ausnahme: Ist ein Vogel krank und muß zur Beobachtung in einem Käfig isoliert werden, bringt man das Bodengitter wieder an, damit der Sittich sich nicht an seinen eigenen Exkrementen infizieren kann.

Bruttemperatur
Für die meisten Sittiche sind 37 °C ideal zum Brüten. Bei kühleren Temperaturen kann sich das Schlüpfen der Jungen verzögern. Es genügt aber, wenn die Raumtemperatur für die Sittiche zwischen 13 und 18 °C beträgt. Im Innern des Nistkastens erhalten die Eier durch den engen Körperkontakt des Weibchens dann die erforderliche Wärme von 37 °C.

D

Dimorphismus
→ Sexualdimorphismus, Seite 87.

Dunen
Auch als Daunen bekannt. Feine Flaumfedern, die den Körper der meisten frisch geschlüpften Sittich-Jungen bedecken – bei manchen Arten sind die Jungen auch nackt. Die ersten Dunen fallen nach einigen Tagen aus und werden durch neue ersetzt, die dann dichter und oft auch anders gefärbt sind.

E

Eizahn
Kalkhaltige, dornförmige Erhebung auf dem Oberschnabel des Sittich-Jungen. Mit Hilfe des Eizahns befreit sich das Junge aus dem Ei (→ Seite 50). Er fällt nach 5 bis 7 Lebenstagen ab.

Endoskopie
Operativer Eingriff zur Bestimmung des Geschlechts eines Sittichs. Meiner Meinung nach sollte man den Vögeln diesen Eingriff ersparen. Erfahrene Züchter können das Geschlecht ihrer Jungvögel auch äußerlich erkennen (→ Geschlechtsbestimmung, Seite 84).

Erdgeschichtliches Alter
Fossile Funde lassen vermuten, daß bereits vor 20 bis 30 Millionen Jahren Papageien und Sittiche auf der Erde lebten. Die Fossilien stammen alle aus Schichten des Oligozäns, dem letzten Drittel des Tertiärs. Wahrscheinlich lebten damals auch in Europa Papageien, denn ein papageienähnliches Fossil wurde in diesen Schichten bei Allier in Frankreich gefunden.

F

Feilkerben
→ Sittichschnabel, Seite 87.

Fuß des Sittichs
Sittiche haben den typischen Kletterfuß der Papageien. Die beiden mittleren Zehen sind nach vorn gerichtet, die beiden äußeren nach hinten. Aber wie der Schnabel beim Klettern die Füße unterstützt, so ergänzen die Füße bei der Nahrungsaufnahme den Schnabel. Viele Sittich-Arten halten die Nahrung mit dem Fuß fest, um sie besser verwerten zu können. Das kann jeder Wellensittichhalter beobachten, wenn der Vogel mit dem Fuß die Kolbenhirse festhält und zu sich heranzieht. Rotkappensittiche zum Beispiel sind darauf spezialisiert, Samen aus Eukalyptuskapseln herauszulösen, die einen wichtigen Teil ihrer Ernährung ausmachen. Finden die Vögel die Kapseln auf dem Boden, halten sie sie mit dem Fuß fest und holen mit ihrem besonders langen Schnabel die Samen heraus. Werden die Kapseln hoch im Baum geerntet, lassen die Sittiche sie fallen, um sie später am Boden zu öffnen. *Barnardius*- und *Platycercus*-Arten können die Nahrung sogar mit dem Fuß zum Schnabel führen. Am häufigsten ist dies beim Blaßkopfrosella zu beobachten.

Futterautomat
Röhrenförmiger Behälter, in den die Körnermischung für die Sittiche gefüllt wird. Das Futter fällt automatisch in eine kleine Futterrinne, aus der die Vögel die Körner picken.
Vorteil: Die Vögel sind theoretisch stets mit sauberer Nahrung versorgt.
Nachteile: Bei einem Futterautomat muß ständig kontrolliert werden, ob er funktionstüchtig ist und sich die Körner nicht stauen. Es sind mehrere Fälle bekannt, in denen Vögel vor dem vollen Automat verhungert sind, weil der Nachschub blockiert war. Manchen Sittichen gelingt es sogar, die Nachfüllklappe zu öffnen. Sie versuchen dann hineinzuschlüpfen und klemmen sich ein.

G

Gattung
Sie umfaßt jeweils eine Art oder mehrere biologisch verwandte Arten und deren Unterarten.
Beispiele:
- Wellensittich:
Gattung = *Melopsittacus*
Art = *Melopsittacus undulatus.*
- Grassittiche:
Gattung = *Neophema*
Arten = *Neophema elegans* (Schmucksittich), *Neophema pulchella* (Schönsittich) und *Neophema splendida* (Glanzsittich).
- Stanleysittich:
Gattung = *Platycercus*
Art = *Platycercus icterotis.*
Unterarten = *Platycercus icterotis icterotis* (Westlicher Stanleysittich) und *Platycercus icterotis xanthogenis* (Östlicher Stanleysittich).

Gehege-Genehmigung
Das Bundesnaturschutzgesetz schreibt vor (§ 24), daß Tiergehege – also auch Volieren für Sittiche – der Genehmigung durch die Naturschutzbehörde bedürfen. Genehmigungspflichtig sind jedoch nur Freivolieren. Die Gehege-Genehmigung wird nur erteilt, wenn das Gehege den tier- und artenschutzrechtlichen Anforderungen genügt.

Geographische Unterarten
Manche Sitticharten haben erstaunlich viele Unterarten entwickelt. Das läßt sich aus den geographischen Gegebenheiten erklären. Der Ziegensittich zum Beispiel besiedelt Neuseeland und viele benachbarte Inseln. Aus den isolierten Inselpopulationen entstanden Unterarten, die sich allerdings nur geringfügig von der Nominatform (→ Seite 86) in Größe und Gefiederfarben unterscheiden.

Geschlechtsbestimmung
Erfahrene Züchter unterscheiden das Geschlecht ihrer Vögel an den Gefiederfarben, der Form des Schnabels, des Kopfes oder der Körperlänge, manchmal auch an der Zeichnung des Schwanzes. Es gibt jedoch Sittich-Arten, deren Geschlecht äußerlich nicht erkennbar ist. Die sicherste Methode der Geschlechtsbestimmung bei diesen Arten ist die Endoskopie (→ Seite 83).
Eine weitere Methode für die Geschlechtsbestimmung sind Kotuntersuchungen. Allerdings sind die Ergebnisse dieser Untersuchung nicht immer eindeutig.

Giftige Pflanzen
Becherprimel, Brechnußbaum (*Strychnos nux-vomica*), *Catharanthus*, Christusdorn, alle *Dieffenbachia*-Arten, Eibe, Hyazinthe, Immergrün (*Vinca minor*), alle Nachtschattengewächse wie der Korallenstrauch, Madagaskarpalme (*Pachypodium*), Narzissen, Oleander, Beeren der Spitzblume (*Ardisia*), Weihnachtsstern, Wunderstrauch (*Codiaeum variegatum*), Wüstenrose, Beeren vom Zierspargel, Azaleen, Porzellanblume (*Hoya carnosa*), *Brugmansia*-Gewächse (früher *Datura* genannt), Alpenveilchen, alle Liliengewächse, vor allem *Gloriosa*, und alle tropischen Zimmerpflanzen mit weißlich oder gelblich gesprenkelten Blättern.
Folgende Pflanzen sind zwar nicht giftig, sondern aber schleimhautreizende Stoffe ab, die für Sittiche schädlich sein können: Efeu, Fensterblatt (*Monstera*), Flamingoblume, Goldtrompete, Kolbenfaden (*Aglaonema*), Philodendron, *Schefflera*.
Vorsicht vor Kakteen und Pflanzen mit Stacheln. Die Vögel können sich daran die Augen verletzen.

Gloger'sche Regel
Die Gefiederfarben der Sittiche setzen sich aus Grün, Blau, Gelb und Rot zusammen. Grün wird durch Überlagern von Blau und Gelb gebildet, Blau entsteht durch den Farbstoff Melanin und lichtbrechende Strukturen. Rot und Gelb sind in dem Fettfarbstoff Lipochrom enthalten.
Je feuchter das Lebensgebiet einer Sittichart ist, desto stärker werden die Melanin- und Lipochrom-Anteile; Rot, Blau und Schwarz gewinnen an Intensität. Je trockener ein Gebiet ist, desto mehr gehen die Melanin- und Lipochrom-Anteile zurück und Grün und Rot werden weitgehend durch Gelb ersetzt.

H

Hausapotheke
Es ist zweckmäßig, wenn Sie für Ihre Sittiche eine kleine Hausapotheke bereithalten, um im Notfall Erste Hilfe leisten zu können. Diese Hausapotheke sollte folgendes enthalten: Wattestäbchen, Pipette, Pinzette, blutstillende Flüssigkeit, Jod, Verbandmull, Hansaplast, Wundsalbe, Augensalbe, Borwasser (bei Augenentzündungen), Tierkohle (gegen Durchfall), Paraffinöl (gegen Verstopfung) und eine Zange, mit der

man notfalls Krallen und Schnabel kürzen kann.

Hudern

So nennt man das Wärmen der Nestlinge durch das Weibchen. Das Weibchen sitzt mit leicht geplustertem Gefieder auf seinen Jungen, ohne sie zu verletzen.

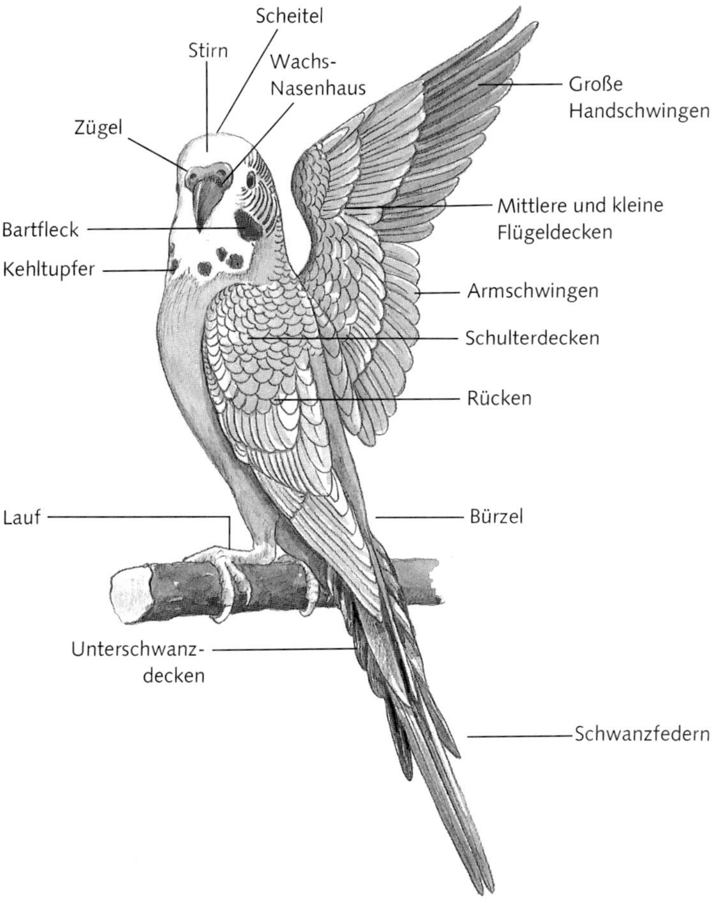

K

Koloniebrüter

Das sind Sitticharten, die in der freien Natur in Kolonien brüten. In Menschenobhut sollten sie während der Brut trotzdem nur paarweise gehalten werden, damit sie genügend Platz und Ruhe haben. Ausnahmen: Besonders friedliche Sittich-Arten wie Wellensittich, Feuerflügelsittich, Kanarienflügelsittich, Mönchsittich und Nymphensittich. In ausreichend großen Volieren oder Volierenabteilen kann eine dieser Arten auch in Gruppen brüten.

M

Die Mauser

Sie ist keine Erkrankung, sondern eine natürliche Maßnahme zur Erneuerung des Gefieders. Sittiche mausern sich gewöhnlich einmal im Jahr, bei starken, häufigen Temperaturschwankungen kommt es vielfach noch zu kleineren Zwischenmausern. Junge Vögel überstehen die Mauser ohne Beeinträchtigung des Allgemeinbefindens. Ältere und schwache Sittiche machen mitunter während der Mauser einen kranken Eindruck. Sie sind dann wärme- und ruhebedürftig und sollten eventuell mit Infrarotlicht bestrahlt werden (→ Erste Maßnahmen, Seite 46). Alle Sittiche brauchen während der Mauser vitaminreiche Nahrung, außer Obst und Gemüse auch gekeimte Körner (→ Seite 38). Während der Mauser verlieren die Vögel ziemlich viele Federn. Kleine Federn wachsen innerhalb von wenigen Tagen wieder nach, große brauchen dafür einige Wochen. Selten kommt es bedingt durch die Mauser zur Flugunfähigkeit. Sollten Sie jedoch beobachten, daß einer Ihrer Sittiche Schwierigkeiten beim Auffliegen vom Boden hat, bringen Sie an seinem Schlaf- und Sitzast sowie am Futtertisch eine Kletterhilfe an, wie zum Beispiel Hanfseile oder Äste.

Monogam
Die meisten Sittiche sind monogam, das heißt sie leben fest verbunden mit einem Partner des anderen Geschlechts und bewahren ihm lebenslange Treue. Eine Ausnahme bilden die asiatischen Edelsittiche, die sich nur während der Brut mit einem Partner zusammenschließen.

Mutation
Veränderungen im Erbgefüge, durch die die verschiedenen Arten einer Gattung entstehen. Mutationen sind Veränderungen, die die Natur zufällig hervorbringt und durch die sich für ein Individuum einer Art Vor- oder Nachteile ergeben. Sind es Nachteile, so wird das Tier nicht lange überleben, weil es für den Überlebenskampf nicht ebenso perfekt ausgestattet ist wie seine »normalen« Artgenossen. Bringt die Mutation Vorteile, so wird es sich besser durchsetzen können als seine Artgenossen und Nachkommen zeugen, die wiederum mit den erworbenen Vorteilen ausgestattet sind.

Mutterkorn
Der Mutterkornpilz, ein Parasit auf Wildgräsern und Getreide, bildet im Spätsommer oder Herbst in den Ähren das giftige Mutterkorn. Versehentlich kann es in jeder gekauften Samenmischung enthalten sein. Breiten Sie deshalb die Körner portionsweise aus und suchen Sie sie auf das Mutterkorn hin ab. Es kommt vorwiegend in Roggen, manchmal aber auch in Weizen und Hafer vor. Es ist deutlich größer als Getreidesamen und hat eine schwärzliche Farbe. Für den Menschen ist eine geringe Menge Mutterkorn ungefährlich. Für kleine Vögel wie Sittiche kann jedoch schon ein einziges Mutterkorn sehr schädlich sein.

N

Newcastle-Disease
Die Newcastle'sche Krankheit oder atypische Geflügelpest können alle Vögel bekommen. Es ist eine gefürchtete Virusinfektion, deren Symptome denen der Papageienkrankheit (→ Seite 46) ähnlich sind und meist mit schwerer Atemnot einhergehen. Erkrankte Sittiche müssen vom Tierarzt behandelt werden. Die Heilungschancen sind jedoch meist gering.

Nomenklatur
Zusammenstellung von Fachbezeichnungen eines Wissensgebietes. Für die lateinische Bezeichnung der Sittiche sollten Sie folgendes wissen: An erster Stelle steht stets der Name der Gattung, beispielsweise für die Gattung der Plattschweifsittiche *Platycercus*. Dann folgt der kleingeschriebene Artname, zum Beispiel *Platycercus elegans* (Pennantsittich). Folgt danach noch ein weiterer kleingeschriebener Name, so handelt es sich um eine Unterart.

Nominatform
Zuerst beschriebene Form eines Lebewesens.

P

Parasiten
Folgende Parasiten können bei Sittichen auftreten:
Rote Vogelmilbe: Sie lebt vom Blut der Sittiche. Tagsüber verstecken sich die Milben in Spalten, zum Beispiel im Nistkasten oder in der Befestigung von Sitzästen, nachts belästigen sie die Vögel. Nehmen die Milben überhand, leben sie auch tagsüber unter den Flügeln der Sittiche. Mit einer starken Lupe lassen sich die Milben als winzige rote oder schwärzliche Punkte erkennen. Befallene Sittiche nesteln nervös am Gefieder und kratzen sich häufig. Sie sollten vom Tierarzt behandelt werden. Zur Bekämpfung der Milben das Gehege sofort desinfizieren und dabei gezielt gegen den Schmarotzer vorgehen. Das geeignete Mittel lassen Sie sich am besten vom Tierarzt verschreiben.

Die Sittichräude oder Schnabelschwamm wird ebenfalls durch eine Milbenart (*Cnemidocoptes pilae*) verursacht. Symptome sind bräunliche Wucherungen am Schnabel, manchmal auch auf der Wachshaut oder an den Füßen, die als kaum sichtbarer grauweißlicher Belag beginnen. Die befallenen Stellen mit einem vom Tierarzt empfohlenen Präparat betupfen.
Federlinge sind flügellose Insekten, die sich von Hautschuppen und Gefiederteilchen ernähren. Sie verursachen starken Juckreiz. Der Vogel gebärdet sich wie beim Befall der Roten Vogelmilbe. Er muß mit einem vom Tierarzt empfohlenen Mittel behandelt werden.
Wichtig: Die Therapie nicht zu früh abbrechen. Die Parasiten legen Eier, aus denen nach kurzer Zeit neue Schmarotzer schlüpfen.

R

Ruhestörung

Manche Sittich-Arten (→ Steckbriefe, Seite 64 bis 81) haben besonders laute und schrille Stimmen. Animieren sich die Vögel gar zu gemeinschaftlichem Warngeschrei, kann dies für Ihre Nachbarn zu einer erheblichen Belästigung werden. Ruhestörender Lärm liegt im allgemeinen dann vor, wenn die Geräusche für die Nachbarn über 35 dB liegen (Amtsgericht Bremen, AZ.: 6 C 92/75). Werden Nachbarn in dieser Lautstärke gestört, haben sie einen Unterlassungsanspruch gegen den Sittichhalter als Lärmverursacher (Oberlandesgericht Hamburg, AZ.: 5 U 85/76).

S

Schnabel des Sittichs

Der Oberschnabel der Sittiche ist durch ein bewegliches Gelenk mit dem Schädelknochen verbunden. Der Unterschnabel läßt sich durch ein Gleitgelenk horizontal verschieben. Dadurch ergibt sich die große Beweglichkeit des Schnabels. Bei artgemäßer Haltung nützt sich das Schnabelhorn (Keratin) ständig ab. Es sieht aus, als schuppe sich der Schnabel. Dieser natürliche Vorgang wird durch das Nachwachsen des Schnabelhorns ausgeglichen. An der Unterseite der Spitze des Oberschnabels befinden sich bei fast allen Arten die Feilkerben, die den Schnabel griffiger machen und ihn gleichzeitig scharf und glatt halten.

Sexualdimorphismus

Deutlich erkennbarer Unterschied zwischen den Geschlechter einer Art. Zum Beispiel ist der Kopf des Pflaumenkopfsittichs beim Männchen pflaumenblau, beim Weibchen ist er viel heller und grauer.

U

Überwintern

Leben Ihre Sittiche in einer Freivoliere, brauchen sie für den Winter unbedingt ein beheizbares Schutzhaus. Dort sollte während der Wintermonate eine Temperatur zwischen 7 und 9 °C herrschen. Die meisten Sittich-Arten kommen aus tropischen Regionen und würden den harten Winter bei uns nicht überstehen. Zwar sinken die Temperaturen auch in den Tropen nachts manchmal unter 0 °C, doch immer nur für wenige Stunden.

Unterart

Unterarten unterscheiden sich von der Art (→ Seite 82) durch mehr oder weniger auffallende äußere Merkmale. Überschneiden sich die Lebensräume zweier Unterarten oder treffen sie beim Umherziehen aufeinander, kann es vorkommen, daß sich Sittiche zweier verschiedener Unterarten paaren und sogenannte Bastarde aufziehen.

W

Wachshaut

Die Wachshaut – auch Nasenhaut – befindet sich an der Schnabelwurzel und umschließt die Nasenlöcher. Bei manchen Sittich-Arten ist sie auffallend getönt. Bei einigen Arten ist die Wachshaut auch von feinen Federn bedeckt. Die Wachshaut kann zur Geschlechtsbestimmung beitragen. Zum Beispiel haben wildfarbene Wellensittich-Männchen eine blaue Wachshaut, die Weibchen eine bräunlich-beige.

Spezielle Tips für die Sittich-Zucht

Name	Körperlänge (cm)	Geschlechtsunterschiede	Eier	Brutdauer (Tag)	Nestlingszeit (Woche)
Plattschweifsittiche (*Platycercus*-Arten)					
• Stanleysittich, *P. icterotis*	25	ja	3–7	20	4–5
• Pennantsittich, *P. elegans*	36	nein	4–6	20	5
• Blaßkopfrosella, *P. adscitus*	30	nein	3–5	20	5
• Rosellasittich, *P. eximius*	32	nein	5–7	20	5
Singsittiche (*Psephotus*-Arten)					
• Blutbauchsittich, *P. haematogaster*	28	ja	4–7	21	5
• Vielfarbensittich, *P. varius*	27	ja	4–7	21	5
• Singsittich, *P. haematonotus*	28	ja	4–7	17–20	4–5
Grassittiche (*Neophema*-Arten)					
• Schmucksittich, *N. elegans*	23	ja	4–6	18	4
• Feinsittich, *N. chrysostoma*	22	ja	4–6	18	4
• Schönsittich, *N. pulchella*	20	ja	4–6	18	4
• Glanzsittich, *N. splendida*	20	ja	3–5	18	4
Wellensittich (*Melopsittacus*-Art)					
• Wellensittich, *M. undulatus*	18	ja	4–7	18	4
Nymphensittich (*Nymphicus*-Art)					
• Nymphensittich, *N. hollandicus*	32	ja	4–7	21	5
Bourkesittich (*Neopsephotus*-Art)					
• Bourkesittich, *N. bourkii*	20	ja	4–5	18	4
Kappensittich (*Purpureicephalus*-Art)					
• Rotkappensittich, *P. spurius*	36	ja	4–6	20	5
Prachtsittiche (*Polytelis*-Arten)					
• Bergsittich, *P. anthopeplus*	40	ja	3–6	22	6
• Schildsittich, *P. swainsonii*	40	ja	4–6	20	5
• Blaukappensittich, *P. alexandrae*	45	ja	4–7	20	5
Ringsittiche (*Barnardius*-Arten)					
• Ringsittich, *B. zonarius*	38	ja	5–6	20	5
• Barnardsittich, *B. barnardi*	33	ja	4–6	20	5
Laufsittiche (*Cyanoramphus*-Arten)					
• Ziegensittich, *C. novaezelandiae*	28	ja	5–9	20	5
• Springsittich, *C. auriceps*	23	ja	5–9	19	5
Mönchssittich (*Myiopsitta*-Art)					
• Mönchssittich, *M. monachus*	29	nein	5–8	26	6
Schmalschnabelsittich (*Brotogeris*-Art)					
• Kanarienflügelsittich, *B. versicolorus chiriri*	23	nein	5–6	23	7
Keilschwanzsittich (*Aratinga*-Art)					
• Rotmaskensittich, *A. mitrata*	38	nein	3–4	23	7
Nandaysittich (*Nandayus*-Art)					
• Nandaysittich, *N. nenday*	32	nein	4–5	26	6–7
Edelsittiche (*Psittacula*-Arten)					
• Kleiner Alexandersittich, *P. krameri*	40	ja	3–6	23	6
• Pflaumenkopfsittich, *P. cyanocephala*	35	ja	4–6	23	7
• Rosenbrustsittich, *P. alexandri fasciata*	33	ja	3–4	28	7

* Die Angaben der Fußringgrößen gelten nur innerhalb der Bundesrepublik Deutschland.

Geschlechts-reife (Monat)	Nistkasten (L x B x H)	Einflug-loch (∅ cm)	Fußring (∅ mm)*
12–18	25 x 25 x 50	6	5,0
24	27 x 27 x 60	8	6,0
12	25 x 25 x 60	8	5,5
12	25 x 25 x 60	7	5,5
6–9	20 x 20 x 60	7	5,5
6–9	20 x 20 x 35	7	4,5
6–9	25 x 25 x 35	7	4,5
8–12	20 x 20 x 30	6	4,0
8–12	20 x 20 x 50	6	4,0
8–12	20 x 20 x 50	5	4,0
6–9	15 x 15 x 30	5	4,0
6	25 x 15 x 20	5	4,2
9	30 x 25 x 25	7	5,5
5	15 x 15 x 45	6	4,0
15–18	30 x 30 x 50	7–8	5,5
16–24	28 x 28 x 70	8–10	6,5
16–24	25 x 25 x 70	8	6,5
16–24	25 x 25 x 70 (Ablaufkasten)	8	5,5
14–18	35 x 35 x 70	9	6,0
12–18	30 x 30 x 70	8	6,0
6–9	20 x 20 x 45	6	4,5
6	20 x 20 x 40	5	4,5
12	30 x 30 x 40	7	6,0
9–12	18 x 18 x 40	7	4,5
12	30 x 30 x 60	9	6,5
9–12	30 x 30 x 40	7	6,0
18–30	30 x 30 x 50	9	7,0
18–30	20 x 20 x 30	8	5,5
18–30	20 x 25 x 50	8	5,5

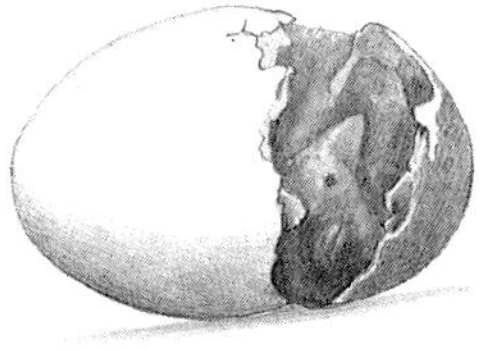

Das Schlüpfen bedeutet für das Junge Schwerstarbeit. Mit Hilfe des Eizahns befreit es sich aus dem Ei.

Dieser Wellensittich-Nestling ist 10 bis 12 Tage alt. Seine Augen sind geöffnet, die Federkiele an Flügeln, Schwanz und Kopf beginnen bereits zu sprießen.

Der Wellensittich ist jetzt etwa 3 Wochen alt. Alle Daunenfedern sind schon ausgebildet. Bald kann er den Nistkasten verlassen und fliegen.

Arten- und Sachregister

Auf den mit * gekennzeichneten Seiten finden Sie eine ausführliche Beschreibung der jeweiligen Sittich-Art.
Die **halbfett** gesetzten Seitenzahlen verweisen auf Farbfotos und Zeichnungen. U = Umschlagseite.

GU TIERRATGEBER

damit es Ihrem Heimtier gut geht

ISBN 3-7742-3908-8

ISBN 3-7742-3839-1

ISBN 3-7742-3826-X

ISBN 3-7742-3957-6

ISBN 3-7742-3907-X

Tierisch gut! Die Welt der Heimtiere entdecken und alles erfahren, was man schon immer über sie wissen wollte. So klappt das Miteinander von Anfang an – mit Wohlfühl-Garantie fürs Tier.

WEITERE LIEFERBARE TITEL BEI GU:

- **Graupapageien** ISBN 3-7742-3095-1
- **Nymphensittiche** ISBN 3-7742-3051-X

GU

Gutgemacht. Gutgelaunt.

Adressen

AZ (Vereinigung für Artenschutz, Vogelhaltung und Vogelzucht), PF 1168, 71501 Backnang (Anfragen nur schriftlich), www.azvogelzucht.de

Der Blaue Kreis-Zoologische Gesellschaft Österreichs für Tier- und Artenschutz, Goldschlagstr. 15, A-1150 Wien (Anfragen nur schriftlich)

Anschriften von Vogelclubs- und Vereinen können Sie bei den vorgenannten Verbänden erfragen.

Fragen zur Tierhaltung beantworten:

Ihr Zoofachhändler und der Zentralverband Zoologischer Fachbetriebe Deutschlands e.V., Tel. (06103) 910732 (nur telef. Auskunft möglich), www.zzf.de

BNA (Bundesverband für fachgerechten Artenschutz e.V.), PF 1110, 76707 Hambrücken, www.bna-ev.de

Spezialisten für Papageienkrankheiten

Klinik für kleine Haustiere, Abteilung für Heim- und exotische Tiere, Freie Universität Berlin, Oertzenweg 19b, D-14163 Berlin

Institut für Geflügelkrankheiten, Poliklinik für Nutz- und Ziergeflügel, Frankfurter Str. 91–93, D-35392 Gießen

Tierärztliche Hochschule Vogelklinik, Bischofsholer Damm 15, D-30173 Hannover

Ludwig-Maximilians Universität, Institut für Geflügelkrankheiten, Veterinärstr. 3 D-85764 Oberschleißheim

Veterinärmedizinische Universität Wien, Veterinärplatz 1, A-1210 Wien

Universität Zürich Zootierabteilung Winterthurerstr. 190 CH-8057 Zürich

Bücher

Aeckerlein, W.: *Die Ernährung des Vogels*. Eugen Ulmer Verlag, Stuttgart.

Albrecht, E.: *Käfig und Volierenbau*. Rasch und Röhring Verlag, Hamburg.

Arndt, Th.: *Südamerikanische Sittiche*. Horst Müller Verlag, Bomlitz.

Birmelin, I.: *Wellensittiche*. Gräfe und Unzer Verlag, München.

Ebert, U.: *Vogelkrankheiten*. Verlag M. und H. Schaper, Hannover.

Haupt, Th.: *Nymphensittiche*. Gräfe und Unzer Verlag, München.

Kolar, K.; Spitzer, K. H.: *Großsittiche*. Eugen Ulmer Verlag, Stuttgart.

Low, R.: *Das Papageienbuch*. Eugen Ulmer Verlag, Stuttgart.

Robiller, F.: *Vogelkäfige und Volieren*. Augustus Verlag, Augsburg.

Wolter, A.: *Papageien*. Gräfe und Unzer Verlag, München.

Zeitschriften

AZ-Nachrichten. Vereinsgebundene Zeitschrift für Mitglieder der AZ, Backnang.

Die Voliere. Verlag M. und H. Schaper, Alfeld/Leine.

Gefiederte Welt. Eugen Ulmer Verlag, Stuttgart.

Papageien. Arndt-Verlag, Bretten.

WP-Magazin. Arndt-Verlag, Bretten.

Dank

Autorin und Verlag danken Reinhard Hahn für die Beratung in Artenschutzfragen, Dr. Kurt Kolar und Philipp Krammer für die Durchsicht des Manuskriptes, Dr. Gabriele Wiesner für den tierärztlichen Rat.

Die Autorin

Annette Wolter ist Vogelexpertin mit langjähriger Erfahrung in der Haltung von Klein- und Großpapageien, außerdem erfolgreiche Autorin von GU-Tier-Ratgebern zu Wellensittichen, Nymphensittichen und Papageien.

Wichtige Hinweise:
In diesem Buch geht es um die Haltung und Pflege von Sittichen.
Menschen, die an einer Feder- beziehungsweise Federstauballergie leiden, sollten keine Vögel halten. Fragen Sie im Zweifelsfall vor der Anschaffung den Arzt.
Beim Umgang mit Sittichen können Verletzungen durch Beißen oder Kratzen vorkommen. Lassen Sie solche Verletzungen sofort vom Arzt versorgen.
Die »Papageienkrankheit« (Psittacose, Ornithose) tritt heute bei Sittichen sehr selten auf (→ Seite 46), aber sie kann bei Menschen und Sittichen zum Teil lebensgefährliche Krankheitserscheinungen hervorrufen. Gehen Sie deshalb im Zweifelsfall mit dem Sittich zum Tierarzt (→ Seite 46), suchen Sie bei Erkältungs- oder Grippeerscheinungen unbedingt selbst den Arzt auf und weisen diesen auf die Vogelhaltung hin.

Die Fotos auf dem Umschlag:
Umschlagvorderseite: Rosellasittiche (großes Foto), Blaßkopfrosella (kleines Foto).
Umschlagseite 2: Spitzschwanzsittich.
Umschlagseite 3: Rosellasittiche.
Umschlagrückseite: Glanzsittichpaar.

Die Fotografen:
Angermayer/Ziesler: Seite U2; Arendt und Schweiger: Seite 8 li., re., 9, 28, 52, 53 li., re.; Coleman/Bauer: Seite 14; Coleman/Evans: Seite 20/21; Coleman/Prenzel: Seite 73 li.; Coleman/Reinhard: Seite 25; Coleman/Rivarola: Seite 37; Gröger: Seite 61; Jacana/Frédéric: Seite 17; Jacana/Labat: Seite 72; Jacana/Varin: Seite 79 re; Juniors/Wegner: U1 (großes Foto), U4; König: Seite 57; Mayer: Seite 69 li., 78 li.; Okapia/Reinhard: Seite 69 re.; Pfeffer: Seite 70 li., U3; Reinhard: Seite 68, 75 re., 77, 78 re., 80 li., re., 81; Scholtz: Seite U1 (kleines Foto), 7, 11, 45, 49, 66 re., li., 67 re., li., 70 re., 71 re., li., 73 re., 74 re., li., 75 li., 76 li., 79 li.; Silvestris/A.N.T.: Seite 2, 5, 32, 40, 65; Silvestris/Hosking: Seite 76 re.

Unveränderte Nachauflage der 7. Auflage.

Redaktion: Gabriele Linke-Grün
Lektorat: Mirjam Baumann
Herstellung: Dieter Lidl
Umschlaggestaltung: Heinz Kraxenberger
Satz: Hesz, Augsburg
Reproduktion: Wartelsteiner
Druck und Bindung: Stürtz

ISBN 3-7742-1881-1

Auflage 7. 6. 5.
Jahr 2005 04 03